# PRÓLOGO

Generalmente los prólogos se les encomiendan a personas célebres, que con su prestigio hacen aumentar la confianza en la lectura del texto prologado. Nosotros no vamos a recurrir a ese recurso, porque no sabemos si nuestra obra tendrá aceptación entre los jóvenes del mundo actual. Si acaso la primera edición requiriera de muchos ejemplares, porque se convirtió en un auténtico best seller, pues bien, nos sentiremos muy felices; en ese caso, en una segunda edición, le daremos la oportunidad a quien no tiene fama, de que al prologarnos la tenga, o al menos la aumente. Por el momento, y como no es ni lo uno ni lo otro, nosotros, humildemente, con las orejas gachas, prologamos nosotros mismos este librito, deseándonos la mejor de las suertes.

¿Cómo se le ocurrió al autor escribir este texto?. Simplemente, habiendo llegado a la edad en que la gente le llama a uno anciano, aunque tengamos el alma joven, y habiendo sufrido tantas y tantas amarguras en el transcurso de nuestra vida, unas veces por terquedad, otras por necedad, y la mayor parte de las veces por ignorancia, creemos, que es nuestra obligación intentar poner nuestro granito de arena para mejorar el mundo, haciendo que los jóvenes actuales, que están sujetos a pasar las de Caín en este mundo tan complicado, tengan al menos una pequeña orientación que les permita no dar tantos golpes de ciego.

Muchas de las cosas explicadas aquí, con sus correspondientes recomendaciones, han sido vividas por nosotros, y otras muchas, ¡Gracias a Dios!, las hemos sabido por la experiencia de otras personas que nos avisaron lo que nos podría ocurrir; y al final nos salvamos del desastre gracias a ellas. Vivir sanamente, sin dar tropiezos serios es realmente difícll, y en la actualidad, en un mundo donde se han perdido gran parte de los valores morales que nos hacían sentirnos seres humanos, es aún mucho más complicado, por ello es que estamos haciendo el intento de salvar de muchas penurias al que buenamente, después de leer estas páginas crea que le han servido de algo.

A veces la crudeza de nuestras expresiones y relatos hacen pensar a quien crea que todo va bien y que no se necesita orientación de ningún tipo, que nos estamos excediendo en dar opiniones que pueden parecer malsanas. En nuestra conciencia queda plenamente establecido que todo lo que decimos que puede pasar, realmente ocurre, en mayor o menor grado. No estamos contando simplezas para hacer novela; la cruda realidad de la vida es necesario exponerla, aunque sea cruelmente, para no caer en engaños que nos hagan aproximarnos al desastre.

En ningún momento hemos tenido verdadera intención de denigrar de profesiones, instituciones o personas, ya que las referencias negativas que hacemos se refieren al lado oscuro de tales personas o instituciones, que en mayor o menor grado, obviamente están presentes en todo lo que tocamos. La persona o institución que tenga la conciencia limpia, no debe darse por aludida, pues no estamos refiriéndonos a ella sino a las ovejas negras de cada profesión.

Con ésto que hemos dicho, creemos que no es necesario hacer más largo el prólogo, puesto que debemos reservar un poco de paciencia a nuestros lectores para que lean la Introducción, pero no antes de decirles, que hemos tratado de utilizar un lenguaje que llegue a todo el mundo, sin distinción de niveles culturales, pues si lo hiciéramos erudito, seguramente se quedaría en la luna una gran parte de nuestros lectores, y si utilizamos algo excesivamente vulgar, estaríamos ofendiendo a nuestro excelso Miguel de Cervantes, que escribió maravillosamente en este también maravilloso idioma que lo tomó como su digno ejemplo.

---oOo---

# INTRODUCCIÓN

Cuando una persona va llegando al final de su existencia, es muy frecuente que se ponga a meditar, en la soledad de sus fracasos, o en el éxito de sus triunfos, sobre las cosas que hizo bien o que realizó erróneamente durante su larga vida. ¡Cuántas veces decimos: "Si volviera a vivir haría una cosa diferente"!. Y ésto lo decimos, o al menos lo pensamos, porque no existe un ser humano, por muy inteligente que sea o que se crea que lo es, que no haya cometido equivocaciones en su vida.

A veces los errores cometidos han sido muy pequeños, pero de graves consecuencias, como también pudiera ocurrir lo contrario, que hagamos algo terrible, pero tal vez por azar, las cosas nos salieron mejor que si no hubiéramos cometido tal desaguisado. En uno u otro caso, meditando, nos damos cuenta de que siempre habría sido mejor conocer de antemano el resultado de lo que vamos a realizar.

Ésto lo decimos, cuando hemos llegado a un punto generalmente sin retorno, es decir, cuando nos queda tan poco de existencia que se hace casi inútil utilizar nuestros conocimientos para alcanzar las metas de la juventud.

Nuestros jóvenes actuales, o aquellos que todavía no han nacido, son virtualmente como una representación de nosotros mismos a futuro. Si nosotros, que través de nuestras experiencias hemos adquirido conocimientos que nos serían muy útiles, si fuéramos jóvenes y nos sentiríamos capaces de aplicarlos en esas generaciones que todavía no han vivido los triunfos o fracasos que el transcurso del vivir nos otorga; es casi seguro, que salvo circunstancias ajenas al acontecer normal, cotidiano de cada día, lograríamos que esos émulos de lo que nosotros fuimos, gozando o padeciendo cuando éramos jóvenes serian un poquito más felices de lo que hemos sido nosotros mismos.

Lamentablemente, la mayor parte de la juventud se deja llevar, debido precisamente a su falta de experiencia, por caminos que muchas veces son intransitables y que los dirigen al desastre. Nosotros consideramos, que tengamos éxito o no en nuestras orientaciones, al menos debemos intentar que alguno de esos muchachos de mente abierta, que son capaces de razonar adecuadamente, puedan utilizar nuestros conocimientos en beneficio propio. En nuestros más de cuarenta años de experiencia como docentes, y como psicólogos, hemos sido capaces de identificar gran variedad de personalidades, de las cuales sabemos, que aunque no en todos los casos, podremos obtener algún rendimiento positivo en un porcentaje, que aún deseando fehacientemente que sea muy elevado, sería un triunfo para nosotros, si al menos alcanzara al 1 por ciento de esa nueva población de nuestra joven sociedad.

Hemos dispuesto esas experiencias de nuestra larga vida, en forma de diccionario enciclo-pédico. Como diccionario, porque están reseñadas en orden alfabético por alguna palabra clave que remita al tema, y enciclopédico, porque vamos a tratar de tantos temas diferentes que justifican este adjetivo calificativo.

Cualquier joven, aunque sea solamente por curiosidad puede leer este librito, buscando por la palabra clave que en ese momento le interese, el tema que le permita leer lo que le decimos. Su lectura, obviamente, no debe impulsarle a obede-cer ciégamente lo que decimos, pues todos los seres humanos, indiferentemente de su edad, de su raza, grado intelectual o recursos económicos, somos totalmente libres de hacer lo que conside-remos adecuado a nuestra conveniencia y a la de los demás que con nosotros conviven. Lo que nosotros exponemos en este manual no son consejos, sino simplemente recomendaciones. Las mismas que puede hacer un psicólogo a su paciente, que se limita a abrirle las puertas de las diferentes posibilidades, y dejar que por sí mismo elija el camino que mejor le parezca.

Antes de empezar con la enumeración de temas por orden alfabético es necesario hacer una aclaratoria: Desde siempre se ha utilizado el genérico masculino para referirse tanto al sexo masculino como al femenino. Cuando escribimos "el hombre actual es producto de la evolución de su propia especie", en realidad estamos diciendo "los hombres y las mujeres actuales son producto de la evolución de su propia especie". Siempre se ha pensado que no es necesario nombrar a cada paso a cada uno de los sexos, pues la expresión llegaría a ser monótona por repetitiva. Veamos: "El hombre y la mujer de las cavernas, al enfrentarse a los leones y a las leonas, a los tigres y a las tigresas, si por casualidad pasaba cerca de allí un enjambre de mosquitos y de mosquitas, preferían aliarse con esos leones y leonas, tigres y tigresas, para luchar conjuntamente todos contra la terrible amenaza de esos mosquitos y mosquitas, que si dejaban que los picaran, a la larga se les formarían gusanos y gusanas en sus picaduras". ¿No les parece que suena más congruente así: "El hombre de las cavernas, al enfrentarse a los leones y a los tigres, si por casualidad pasaba cerca de allí un enjambre de mosquitos, preferían aliarse con esos leones y tigres para luchar conjuntamente contra la terrible amenaza de los mosquitos, que si dejaban que los picaran, a la larga se les formarían gusanos en sus picaduras". Vemos que la forma primera tiene 21 palabras más que la segunda, y las dos dicen lo mismo. En ninguna de las dos se está menospreciando al sexo femenino, pues tanto las leonas, tigresas, mosquitas y gusanas, están siendo respetadas en el contexto.

En los últimos tiempos, en varios paises del planeta, donde para obtener más votos femeninos se trata de halagar a las féminas identificándolas en cada descripción, se han dado a la tarea de hacer largas descripciones obligadas que abarquen no solamente a las damas sino a cualquier tipo de oyente. Ejemplo: "Ciudadanos y ciudadanas presidentes y presidentas de paises extranjeros que acuden a este acto por primera vez, y a los presidentes y presidentas que ya lo hicieron en otras oportunidades; a los señores ministros y señoras ministras de nuestro gabinete; a los ciudadanos y ciudadanas  miembros y miembras de las representaciones diplomáticas en nuestro país, al ciudadano  Nuncio apostólico de la Santa Religión, a los honorables miembros y miembras del Poder Judicial, a los dignos señores y señoras Senadores y Senadoras de este Congreso, a los respetables señores y señoras Diputados y Diputadas  de esta Cámara, a las autoridades policiales que velan por el buen comportamiento de los presentes en este acto, a los distinguidos corresponsales y corresponsalas de paises extranjeros, a los bienvenidos y bienvenidas periodistas de nuestra nación, a los empresarios, empresarias,y finalmente a todas las damas y todos los caballeros en general... el motivo de este acto es pedirles que a la brevedad nos dirijamos al aeropuerto de nuestra ciudad para recibir al distinguido científico señor Fulanito Tal, que va acompañado de su distinguida esposa Fulanita Tal de Tal. Pueden retirarse, pues si no llegaremos tarde. Gracias".

Como verán, algo parecido, aunque tal vez no tan exagerado, es corriente en los paises captadores de las damas con fines políticos. Esa larga retórica la escuchamos todos los días del mundo en cualquier acto, ya sea oficial o privado. Indudablemente nos causa una enorme risa, pero tenemos que callarnos pues donde manda político caza-votos no manda un humilde marinero. Nosotros, nos vamos a dejar de pamplinas, y en todo el contenido del libro cuando nos refiramos a los dos sexos, simultáneamente, lo haremos como Dios, manda, es decir, usando la vieja costumbre, que no por antigua es mala y que nos evita decir tantas tonterías en los discursos.

Como dentro del contenido de este pequeño diccionario enciclopédico ustedes podrán leer multitud de recomendaciones de toda índole, preferimos comenzar con  tal enumeración alfabética, obviando proseguir con esta introducción.

## ABANDONO

La tendencia general de casi todo el mundo, cuando algo se les pone difícil, es abandonar. No negamos, desde luego, que algunas veces, después de reiterados esfuerzos por lograr algo sin conseguirlo, se justifica un abandono, pero antes de hacerlo es bueno tener en cuenta las siguientes indicaciones:

a) ¿Carece usted de los conocimientos suficientes para alcanzar el éxito aspirado, y no le es posible obtenerlos a corto o mediano plazo?. Si esa es la situación, es lógico abandonar, pues no podremos alcanzar algo si no tenemos la capacidad suficiente para lograrlo. Ejemplo: Una persona que trabaja como albañil, percibiendo un reducido sueldo, y que carece de instrucción que no llega al tercer grado, se ha propuesto ser presidente de su nación. Para ello ingresó a la escuela primaria para tratar de aprobar al menos el cuarto grado y posteriormente seguir avanzando en sus estudios, pero por más que se esfuerza no puede aprobar el cuarto grado. Para ser presidente de una nación no es necesario tener demasiados títulos académicos, bien pudiera no ser ni doctor ni licenciado, ni bachiller, pero al menos debe tener la capacidad suficiente para poder avanzar de un grado primario al siguiente, además de otras muchas cosas que no vienen al caso que explicitemos en esta ocasión. En ese caso, amigo mío, si debe renunciar a ser presidente de su nación, pero con paciencia, a lo mejor llega a ser presidente de un sindicato, o al menos capataz de una cuadrilla de trabajadores. Haga un esfuerzo previo de intentar llegar a ser Maestro de Obras en su profesión de albañil... y después veremos.

b) Estuvo a punto de alcanzar el éxito, pero hubo un inconveniente que lo impidió. Volvió a intentarlo, y casi llegando al final sucedió otro contratiempo. Lo ha intentado varias veces y siempre pasa algo que lo impide. Veamos: Hay que analizar qué es lo que le faltaba para llegar al final. ¿Un último examen de alguna materia?. ¿La carencia de dinero para dirigirse a recibir el premio?. ¿Que un familiar se enfermó y tuvo que atenderlo?. Amigo nuestro, esos no son motivos suficientes para abandonar, usted ha demostrado tener capacidad para ir avanzando paso a paso y casi llegar a la meta, debe esforzarse un poquito más, no angustiarse, ponerse positivo, y verá que triunfa en lo que desea. No abandone.

c) Tiene una pareja desde hace algún tiempo, con la cual siempre se llevó bien, pero últimamente le parece que le tiene bastante olvidado, su pareja, cónyuge o novio(a) pareciera no prestarle la atención que usted considera que se merece. Ha pensado en abandonarla y empezar de nuevo con otra pareja, pero... ¿Usted ha consultado con esa persona, preguntándole si le ocurre algo que pueda ser solucionado?. A lo mejor su pareja piensa lo mismo de usted, pero no se han comunicado lo suficiente. Hablar con sinceridad, poner las cuentas claras sobre el tapete, es la clave de la solución de muchos problemas entre amigos, familiares y esposos o novios. Estamos seguros, y eso nos lo asevera la experiencia de tantísimos años en el ejercicio de la psicología, que el 90% de las casos se soluciona al establecer una comunicación adecuada, y en el resto, diez por ciento, pues se toma alguna solución, pero no drástica ni apresurada, sino calculada, premeditada y estudiada concienzudamente.

Resumiendo los diferentes puntos que hemos tratado, podemos deducir, y por ende recomendar, que no abandone de buenas a primeras, sin antes meditar a conciencia las posibilidades de proseguir sin más inconvenientes, pues abandonar es una derrota en la mayoría de los casos, aunque algunas veces, las menos, significa emprender otra vía más razonable para alcanzar el éxito.

Como ejemplo vamos a relatarles algo que nos acaba de ocurrir: Este librito que debe tener unas doscientas veinte páginas, como es obvio ha sido hecho por partes. Cada vez que incluíamos unas paginas, lo íbamos anexando a una copia de seguridad. La última copia que habíamos hecho tenía 150 páginas, pero como nosotros ya habíamos realizado la totalidad, incluyendo el prólogo y el índice, debíamos pasarlo para que esas 150 páginas se convirtieran en las doscientas veinte que estaban hechas. Una operación que hemos realizado cientos de veces, por no decir miles, era la de clickear el nuevo archivo, marcando copiar, y luego irse a la copia de seguridad y marcar pegar, algo sumamente natural. Pues bien, amigos míos, todavía no sé cómo pasó que al comprobar las páginas de ambos archivos, el original y la copia, para verificar que tenían las 220, me encontré que los dos tenían ciento cincuenta solamente. En vez de copiarse el grande al pequeño, ocurrió al revés, es decir, se copió el pequeño al grande. Resultado: perdí 70 páginas de este libro, además de las correcciones de todo el texto que ya había hecho para mandarlo a editar. Cualquier persona, en un caso como éste entraría en desesperación, pues una vez que se ha escrito un libro, es prácticamente imposible volver a escribirlo igual, ya que siempre saldrá diferente. A pesar de ello, amigos míos, ya ven ustedes que no caigo en frustración ni abandono el concluir este librito que les estoy entregando, a estas alturas del texto me faltan todavía más de sesenta páginas, que a lo mejor no las completo, como pudiera surgir que en vez de las nuevas setenta me salieran cien. Dicen que no hay mal que por bien no venga. Pueden tomar este ejemplo por si les pasa a ustedes algo parecido, y fíjense que me ocurrió a mí que soy un anciano... ¿por qué no les puede pasar a los jóvenes?. ¡Adelante muchachos, no se arredren, siempre sigan adelante!.

## ACHAQUES

Los achaques, que generalmente dan en la vejez, son consecuencia, casi siempre, del mal uso que hicimos de nuestro cuerpo durante la juventud. Ustedes, lectores de este librito, que sabemos que casi todos son jóvenes, porque el título se refiere a ustedes... no hagan diabluras durante la época en que creen que se pueden comerse el mundo porque son capaces de levantar cien kilos como sí nada. Ese esfuerzo inútil que hacen ahora, les pasará factura dentro de varias décadas. Lo razonable es que tengamos una vida sana desde todo punto de vista. Cuando el deseo le incite a obedecer a la madre naturaleza, háganlo con moderación, ¡nada de todos los días porque me siente muy machote!, llegará un momento que le empezarán mareos, debilidad, en algunos casos hasta llegará a hacer el ridículo ante su enamorada. Si usted es de los que cree que al entrar a un bar y tener en la mesa veinte botellas de cerveza, vacías, será la admiración de todos su amigos y los que pasen por delante suyo... está muy equivocado, pues así solamente pensarán los que tengan cabeza de chorlito como usted, (perdón, si ese fuera su caso, ojalá que no), pero la gente razonablemente seria dirá: "Mira ese pobre diablo, tan joven y ya emborrachándose, ¡qué poquito le va a durar el hígado!.

El hígado, los riñones, los pulmones, el corazón, las coyunturas, y todas las partes de nuestro cuerpo tienen una función específica que desarrollar. Si nosotros le exigimos demasiado en una época, cuando avance el tiempo se resentirán y empezarán a fallar. Por ejemplo: Usted bebe en demasía, sin ningún control, se siente feliz teniendo en la mesa de un bar veinte o treinta botellas vacías, porque cuando pasan sus amigos y las ven dicen " Caramba, Fulanito es un tronco de hombre, ¡miren como bebe!, ¡Ojalá pudiera hacerlo yo!. Y usted, que a lo mejor de verdad tiene cabeza de chorlito, se llena de ánimo, y piensa que la próxima vez en vez de treinta, a lo mejor llega a las cuarenta. En este caso, usted puede ser el hombre o mujer más feliz del mundo, pero ese órgano grandote que tenemos en el lado izquierdo del abdomen empieza a sentirse triste, porque en su pedacito de inteligencia que le toca manejar para ser capaz de funcionar en su cuerpo a lo mejor piensa, "Ay, qué gran mal me está haciendo este muchacho, con muchas como ésta no voy a soportar ni llegar a los treinta años". Y en efecto, tarde o temprano le empezará a fallar, y a lo mejor como el hígado es un órgano que en cierto modo se regenera y asume las funciones del lado dañado, podrá seguir adelante un poquito más, pero... al mismo tiempo que el hígado sufre, también lo hacen dos señores llamados riñones, que tienen que eliminar el alcohol que usted ingiere, y que no son tan afortunados de regene-rarse, pues cuando fallan, a buscar sustituto, o ponerse a funcionar con una máquina de diálisis que es lo peor que puede sucedernos.

Luego que ocurren estas situaciones ven-drán los lamentos, las promesas de no beber más, pero el daño está hecho y no tiene solución.

Cuando usted, dentro de esa fuerza enorme que le dá la juventud, decide irse a fiestear todos los días, y tener encuentros amorosos que le sacan un poquito de energía libidinosa, de esa que no puede ponerse a fabricar tomando un vaso de leche, sino que intervienen unos complicados procesos orgánicos de recuperación, se le va afectando la capacidad de respirar, a lo mejor los bronquios se van saturando de calcio, o quien sabe de qué cosa, y sus pulmones, que requieren del auxilio de sus compañeros se vuelven ariscos y para avisar a su dueño, empieza a toser, cada vez más para que el pobre incauto se dé cuenta que anda muy cerca de la tuberculosis. Bueno ahora eso no es tan grave como antes, pues tranquilamente le extirpan un pulmón, y a vivir a medias con el otro. ¡Es eso lo que usted desea?.

Tenemos unas articulaciones maravillosas que nos permiten dar brincos, saltar de golpe un tramo de escalera, hacer piruetas, y tantas y tantas cosas que hacemos cuando no tenemos oficio. Pues bien, esas articulaciones, ya sean los hombros, los codos, las muñecas, las caderas, las rodillas y los tobillos, a medida que las usamos se van desgastando, y al mismo tiempo nuestro organismo trata de regenerar tales desgastes, pero si los esfuerzos son excesivos, será mayor el daño que la recuperación, y entonces, ya a los cincuenta años, si es que llegamos, veremos a un pobre señor o señora, con un bastón ayudándose para subir escalones, porque sus rótulas, de tanto bailar reggeton, ya no funcionan.

Amigo nuestro, la salud es uno de los tesoros más grandes que nos otorga la Naturaleza, pero ese tesoro no hay que dilapidarlo, debemos usarlo con moderación para que nos dure hasta que emprendamos el camino hacia la otra dimensión.

## ACUMULAR

Existen muchas formas de acumular, nosotros vamos a tratar de exponer las más corrientes y sus pros y contras.

a) La acumulación de dinero, propiedades u objetos de lujo, debieran estar circunscritas a lo que de verdad necesitemos. El dinero es importante, pero no lo es todo. Poseer muchas casas, terrenos, o similares, es signo de pedantería, de usura, o de lucro, pues uno para vivir necesita una buena casa, que puede variar de acuerdo con la capacidad monetaria de cada quien, pero nunca tener una casa en todas partes. Esa cursilería del ricachón es vergonzosa en un planeta donde hay tantos millones que no tienen ni para comer. En cuanto al dinero, es bueno tener lo suficiente para desenvolverse ampliamente, pero pensamos que lo correcto sería poner ciertos límites por persona, por ejemplo: el conjunto de los bienes de un individuo no debería exceder los cinco millones de dólares, pues bien puedes tener una vivienda que valga un millón, una cuenta en el banco de otro millón, acciones de algún negocio por un máximo de dos millones por persona, y otro millón que puedas gastar en idioteces propias de los que les sobra el dinero, pero nada más; el resto, de tenerlo, debe ser gravado con un fuerte impuesto gubernamental, de pago periódico que represente un cuarenta o cincuenta por ciento de ese capital sobrante. Esta norma, iría reduciendo progresivamente el dinero ocioso de esos multimillonarios que siempre quieren más y más en forma desmedida. Evitaríamos también el lavado de dinero propio de las mafias de la droga, el secuestro y la extorsión, pues al no poder exceder ciertos límites tendrían que sentar un poquito la cabeza, antes de seguir siendo ratas.

Lo dicho anteriormente tendría consecuencias excelentes para la comunidad internacional, pues al no permitir la superabundancia de capitales gigantescos, indirectamente el que posea menos podría recibir un poquito más, y a lo mejor los gobiernos serían capaces de eliminar la pobreza extrema de aquellos que no siendo flojos no encuentran camino en la vida.

b) Acumular objetos en forma excesiva. Por ejemplo: guardar repuestos de automóvil, pensando que alguna vez tendrás que cambiarle todas las piezas de un solo golpe; Tener en la alacena cajas y cajas de conservas de comida, pensando que puede ocurrir una tercera guerra mundial y necesitas acumularla para varios años; tener libros, libros y más libros que nunca tienes tiempo para leer, solamente para que el que te visite crea que eres una lumbrera intelectual digna de respeto; almacenar miles de discos o cintas de películas, que jamás tendrás tiempo para disfrutar, porque lo tuyo es farra en el bar con los amigotes... y así muchos ejemplos más.

c) Acumular ropas de todos los colores y estilos para salir todos los días vistiendo algo que no te hayan visto en un año al menos. Seamos sensatos, la ropa es para cubrirse el cuerpo de la vista de los ociosos, y también para protegerse del frío, la lluvia, y a lo mejor hasta del calor del sol abrasador, así como los zapatos son para no hacerse callos en los piés. Podemos tener cuatro o cinco pantalones, franelas, camisas, faldas y hasta zapatos, pero ¿para qué más?. ¡Claro, para que la vecina de enfrente vea que estoy a la moda y que llevo cosas diferentes a las que se pone ella!. A lo mejor esa pobrecita vecina, que únicamente tiene una falda que tiene que lavar en la noche, para usarla en la mañana, moralmente pudiera ser mil veces mejor que usted, y a lo mejor hasta más inteligente, pero pudiera también ocurrir que tenga un marido borracho que todo lo gasta en cerveza, mientras que tal vez el suyo, de cien corbatas, botas de jinete y camisas de seda, le sobra el dinero porque tiene un remate de caballos o vende droga.

Para todas las cosas de la vida, lo diremos otra vez, y mil veces más si fuera necesario, el camino medio es el único que garantiza un nivel adecuado en todo, ya sea en salud, en bienes, o en disfrutes. Exagerar, tarde o temprano nos dejará sus efectos negativos. Recuerden, amigos, lo conveniente para tratar de ser feliz, es ni querer todo, o no aspirar a nada; ni acumular bienes exageradamente, ni que la extrema escasez nos cause penuarias; todo debe ser término medio.

## ACUSACIONES

Las acusaciones pueden ser armas mortíferas capaces de destruir la vida, el honor, y la fortuna de cualquier persona. Es muy lamentable, que en la moderna sociedad actual se utilizan las acusaciones como un medio fácil de conseguir dinero. Muchos de los acusadores obtienen dinero producto de una extorsión, pues a veces las personas que en realidad son incapaces de hacer algún mal a nadie, son también los que son incapaces de defenderse, y esa es la circunstancia que utilizan los aprovechados para intentar enriquecerse.

Es notorio que la mayoría de los acusadores son personas sin recursos económicos, que obviamente no están arriesgando nada si se descubre su falsa acusación, y como en al menos el cincuenta por ciento de los casos les funciona la amenaza de divulgar algo indecoroso, hacen de las suyas con el pobre diablo que muchas veces no sabe nada de leyes. En aquellos casos, en que el acusado se defienda algo y logre que se reconozca la falsedad... como el falso acusador no tiene bienes de fortuna, y el acusado sí, todo generalmente queda con una disculpa en un periódico de pueblo.

Puede ocurrir, que la acusación es verdadera, pero es frecuente que el acusado de verdad, cometió el hecho ilícito porque es un sujeto de mal vivir y se las sabe todas. Por ejemplo: usted acusa a su vecino de que todas las noches le llegan vehículos motorizados y les entrega un paquetito a cambio de dinero. Usted que es una persona honorable, que no puede aceptar un sujeto de esos en su zona, pues tiene hijos que pudieran también caer en el vicio de esos compradores, va y lo denuncia. Si usted se salva de que la persona que recibe la denuncia no es miembro del grupo delictivo, seguramente ya estará en la mira del que le vende lo que está dentro de los paquetitos, pues obviamente, ese señor, al enterarse que uno de sus vendedores cayó preso, lo libera usando los recursos propios del dinero, y a usted le darán tarde o temprano lo que en criollo venezolano llamamos "matica de café".

Nuestra recomendación al respecto del tema de las acusaciones, es que salvo que esté usted en un lugar del planeta, de los que quedan muy pocos, donde usted quedará inmune, y la justicia será cumplida, no acuse a nadie, vea lo que vea, sepa lo que sepa, salvo que lo haya pensado al menos cien veces, y sepa lo que está haciendo. Como ejemplo le pongo, que por estos lares, si un niño, por casualidad se asoma a la puerta de su casa en el momento en que un malandro de una banda elimina al de otra competidora, puede estar seguro que el niñito ya es "niño muerto".

Si la circunstancia es que usted es acusado falsamente, en ese caso si le pedimos que no se deje influenciar, ni se atemorice por chantajes, extorsiones o cosas similares, busque protección policial, judicial, o en algunos casos de amigos, o de quien sea, pero no ceda, pues al final, si usted es inocente, el porcentaje de que quede absuelto, liberado de tal problema es muy elevado, y solamente en los casos en que hay corrupción, tal vez quede usted lisiado moral o económicamente.

Si el caso es que usted es acusado, porque lo es de verdad, amigo mío, hasta este momento llega nuestro coloquio, y por lo tanto no le recomiendo nada, pues yo me las doy de santo, y únicamente podría decirle que se busque un buen abogado, de esos que no les importa defender a los delincuentes. ¡Claro, yo también soy abogado, y por ética sé que estoy en la obligación de defender a todo el mundo, sea inocente o culpable!.

Hay algunos medios en donde acusar a alguien significa la pena de muerte, por ejemplo: en los penales, si un reo mata a otro, aunque sea en presencia de cien, la ley del silencio impera, y nunca se sabrá quién de verdad lo hizo.

Dentro de las organizaciones mafiosas, ni siquiera te dan tiempo de hacer la acusación, pues si sospechan de que uno de sus miembros está empezando a dudar sobre la conveniencia de seguir o no con tal grupo, pueden estar seguros, que antes de que vaya a la policia ya es hombre o mujer muertos.

## ADIVINOS

Creer en adivinos, magos, brujas, hechiceros, curanderos, sanadores, gurúes, maestros, siempre ha sido una tendencia de los seres humanos desde que pasamos de pithecantropus erectus, a naenderthal o a homo sapiens. El temor al porvenir nos ha causado pánico siempre. ¡Y cláro está, como ésto es algo existente desde que casi no teníamos uso de razón, pues teníamos menos inteligencia que la de un niño actual... creíamos!. Lo peor del caso es que seguimos creyendo.

No podemos negar que actualmente existen algunas teorías muy interesantes, y de las cuales, nosotros mismos ya hemos redactado un extenso libro, pero debemos ser juiciosos y descartar lo supersticioso de lo objetivamente posible.

Cuando le leen las cartas Tarot, estas pobrecitas cartulinas, muy respetables por lo ancianitas, pero farsantes como ellas solas, no le están diciendo nada de usted ni de su futuro ni de su pasado. Quien le está manipulando es el adivino, que no es tal, sino simplemente un psicólogo de campo, no graduado en universidad, pero si en las artes de conocer a las personas. Los gestos que hace usted cuando escucha una pregunta, le están dando las respuestas de muchas cosas que usted inconscientemente le está diciendo, con su mirada, sus gestos, la intensidad de las palabras que pronuncia, todo ello contribuye a aportar datos, que aunado a ciertos conocimientos de estadística empírica hace que le diga cosas que generalmente son verdaderas, pero no porque las cartas se lo dijeron, obviamente. Estas personas, si trabajan con sentido adecuado de la ética, realizan mucho bien, pues generalmente hacen que la persona salga satisfecha del consultorio con fuerzas suficientes para enfrentar los supuestos problemas de los cuales ya le han dado la clave para superar. Si por el contrario, tristemente son simplemente negociantes, e incapaces, seguramente le causarán a usted mucho mal, pues se creerá las supercherías que le digan.

Algo parecido ocurre con las leedoras de otro tipo de naipes, de posos del café, de piedritas, de cenizas, etc. Lo importante de esa relación es que la persona que las utiliza para orientar sea alguien con experiencia vital en enfrentarse a todo tipo de personalidades, y sepa deducir lo que debe decirle, de acuerdo con las posibilidades de ocurrencia que ha deducido por los datos que ha observado, pues al igual que en las cartas del Tarot, todos esos objetos no dicen absolutamente nada, sino que es el pretexto para leer sus pensamientos en la actitud de usted.

Hay algunas técnicas, de las que no vamos a hablar en este texto, que se aproximan algo a la palabra adivinanza, y que están relacionadas con clarividencia, precognición y otras artes, que a la luz de los modernos conocimientos ya no son tales artes, sino una forma científica de analizar nuestro entorno.

Nuestra recomendación, sincera, es que cuando vaya a un adivino(a), que tenga fama de acertar, le diga usted claramente: "Amiga mía, yo no le tengo fé a lo que digan esas cartas, esos posos, o esas piedras, pero si la tengo en usted como persona capacitada en orientarme en los problemas que le voy e explicar sin que tenga que sonsacármelos con artilugios". Esa es la mejor forma de utilizar sabiamente las recomendaciones de una persona que tal como si fuera un psicólogo tiene la capacidad, aunque empírica, de abrirle las puertas de nuevos senderos en su vida.

Los adivinos a través del tiempo han llegado a ser personas con una enorme influencia en sus respectivos grupos sociales, a tal punto de que muchos gobernantes debían consultar con tales profesionales para tomar decisiones importantes en su gobierno. Las personas que manejaban las respuestas generalmente eran hombres o mujeres de amplios conocimientos de la situación de su pueblo, ciudad o gobernantes, y en realidad lo que hacían era cumplir la función de orientadores de su comunidad, ya sea aparentando ser un dios ídolo, una sacerdotisa de un templo sagrado, o simplemente un mago o brujo de la corte. Ésto permitía a los gobernantes ineptos, encontrar respuestas a lo que ellos, por su incompetencia no eran capaces de enfrentar. La realidad es que todas estas personas, en la verdad de los hechos, no adivinaban nada, sino que en base a sus conocimientos hacían deducciones lógicas, que muchas veces acertaban.

Nuestra recomendación es que no asistamos a ese tipo de personas con la idea de que nos van a adivinar algo, sino que, a sabiendas de que son sujetos con amplios conocimientos de psicología humana, posiblemente nos ayudarán a encontrar una solución o al menos una aproximación que nos oriente adecuadamente. En su defecto, búsquese un buen psicólogo, un sacerdote o un orientador, y el resultado, seguramente, tendrá mayor confiabilidad que la consulta a un adivin

AMISTAD.

La amistad es algo muy bello. Tener un amigo es poseer un tesoro. Lamentablemente los verdaderos amigos son muy escasos, porque ser amigo de alguien implica ser capaz de hacer por el bien del otro cualquier cosa que podamos, aún a costa de nuestro propio sacrificio. Lamentablemente la especie humana está en una etapa de progreso científico pero de decadencia moral, y esa decadencia implica que es muy raro que alguien verdaderamente haga algo por otro a costa de su sacrificio. Tales casos sólo se encuentran, y no totalmente, entre miembros cercanos de nuestras propias familias. En la prensa es corriente leer casos de hijos que matan a sus padres o padres que dañan a sus hijos, homicidios entre hermanos, demandas judiciales entre familiares, acuciados por la avaricia monetaria. Individuos que esperan la muerte de un familiar cercano para heredarlo, y no lo matan por miedo a la justicia, pero no porque lo amen verdaderamente. Ante este panorama catastrófico, que indudablemente no es nuevo, pues la Historia del Hombre está llena de desafueros de todo tipo, es lógico ser muy cuidadoso con aquel a quien consideramos amigo. Muchas veces la amistad en realidad lo que implica es la posibilidad de obtener algún beneficio de tal persona. No negamos en absoluto que existen algunas personas capaces de ser amigos verdaderos, pero cada día son más escasas. El problema es saber quién es o quien no es amigo de verdad.Continuemos hablando de Amistad:

Esta es una palabra demasiado amplia en su significado y excesivamente restringida en su aplicación práctica. Ella depende □de muchos factores alternos. Sólo se sabe quién es verdaderamente amigo cuando de verdad lo necesitamos. Muchas personas jamás necesitan de ella, se creen rodeadas de amigos, pero en la realidad seguramente son únicamente aduladores por uno u otro □interés. Poner a prueba la amistad es un arma de doble filo, □porque hay personas que son amigos solamente una vez, y a la □segunda ya se incomodan y dejan de serlo. Lamentablemente, sólo podremos valorar al verdadero, en situaciones auténticas de necesidad. Creemos que ciertas reglas de la amistad pueden ser valiosas, veamos:

1.- Por muy bien que te sientas, feliz, dichoso, con abundantes recursos económicos, sano, de amplia inteligencia, numerosas relaciones, etc. jamás digas: "no necesito de nadie", pues la vida nos dá muchas sorpresas, y la abundancia de hoy puede llegar a ser, por más insólito que parezca, la miseria de un mañana. Si llegara ese momento, necesitarás de verdad una mano amiga. Hasta tanto no ocurra tal desgracia no podrás conocer quién sinceramente te ayudará.

2.- Si aspiras a tener amigos, tú también deberás serlo de alguien, pues nadie inspira amistad si no es capaz de darla. Sin embargo, ciertos mecanismos de autocontrol nos permitirán no excedernos en la dádiva ni ser mezquinos en la entrega, es pues, muy importante seguir un simple procedimiento: Da a cada quien un poquito más de lo que te dé él a tí; si estás tratando con un amigo, la próxima vez te dará a tí mismo un poquito más también. Si sientes que en dos o tres oportunidades has recibido de esa persona menos de lo que tu crees que pudo darte, disminuye la cantidad que le has de dar la próxima vez, dándole exactamente lo mismo que te dió. Jamás entregues a alguien menos de lo que te da a tí. Eso te permitirá ir afianzando cada vez más la verdadera amistad, sin riesgo de ser víctima de aduladores, sin arriesgar demasiado, pues dar a todo el mundo, sin medida, podría significar tu ruina, y no dar nada, podría representar tu aislamiento total.

3).- No confíes demasiado en que los demás te ayudarán a resolver tus problemas, eso te puede llevar a la inercia, al facilismo, a la vagancia y al vicio. Piensa, que fundamentalmente tú eres el primero obligado a ayudarte, pero si el mundo se te viene abajo... pues, entonces, recurre a otros. Es mucho más lo que podemos hacer que lo que nos sentimos capaces de hacer, siempre que sea en forma metódica y organizada. Los grandes esfuerzos pueden salvar de momento la situación pero te dejarán agotado para seguir esa u otras empresas.

4).- Dar y recibir no se refiere únicamente a dinero. Algunas de las cosas que se pueden intercambiar como signo de amistad verdadera son también: consejo adecuado, comprensión, apoyo moral, alegría y salud. Entre las materiales,mcualquier cosa, en el momento adecuado también puede incluirse.

5).- Conserva por encima de todo, la amistad contigo mismo. Tú eres tu mejor amigo, y muchas veces lo pierdes y te conviertes en tu propio enemigo. En segundo lugar, la de tus familiares más o menos cercanos, y finalmente la de compañeros de trabajo, de estudio, vecinos, colaboradores, etc.

6).- En resumen, ten muy en cuenta ésto: jamás, después de hacer un favor, quedes en peor situación que la que has logrado para la otra persona. Podría ser tu ruina, o al menos el principio de ella. La amistad también tiene sus límites, si los sobrepasas estarás entrando en el terreno del cariño o amor filial, en el cual funcionan otros valores muy diferentes y mucho más fuertes que los de la amistad.

AMOR

Vamos a incluir en la palabra de búsqueda tanto el Amor, como la Pasión, o el Cariño. Vamos a intentar describir cada uno de estos conceptos, de acuerdo con la más lógica realidad:

El Amor es una especie de flechazo, tal vez lanzado por un Cupido verdadero, que hace que una persona sienta una intensa sensación de agrado al ver a otra del sexo opuesto.

En sí el Amor, considerando el anterior aserto, es capaz de hacer cambiar a una persona hasta en lo más profundo de sus convicciones. Cuando aparece el Amor, no importa raza, posición económica o capacidad intelectual. La apariencia física está íntimamente relacionada con el efluvio espiritual que emana de la persona amada. Puede ser alguien que para otros sea feo, pero para el enamorado esa fealdad se convierte en belleza, y será incapaz de observar en su objeto nada que contradiga su ideal.

El Amor, generalmente es algo tan espontáneo, que no está sujeto a ningún tipo de controles sociales, pues el individuo enamorado se siente capaz de luchar contra el mundo, si esa lucha le procura la unión con el ser amado.

La mayoría de las veces ocurre, que esa sensación espiritual maravillosa no es correspondida por la otra parte. En ese caso, difícilmente se podrá establecer una alianza amorosa auténtica, pues siempre habrá uno de los dos que lo hará por intereses ajenos al Amor. En los poquitos casos en que esa atracción es mutua, estaremos en presencia de una relación maravillosa, con grandes posibilidades de perdurar hasta el final de la existencia de tales sujetos, pues a través del contacto mutuo, se desarrollará la Pasión y nacerá el Cariño, que es el más fuerte de los tres. Este tipo de relación representa menos del 1% del total.

Dado que este último caso descrito es muy poco frecuente, ya que lo normal es que en ese supuesto Amor haya una mezcla de Pasión, es decir, de deseo sexual insatisfecho describiremos los casos en que hay un enamorado sólamente: En estos casos, dependiendo de si el enamorado o el apasionado es hombre o mujer, se producirán situaciones diversas, que dependerán de muchas circunstancias ya nada románticas.

a) Hombre enamorado y Mujer apasionada.
b) Hombre enamorado y mujer interesada.
c) Hombre apasionado y mujer agradecida
d) Hombre apasionado y mujer conmovida.

e) Mujer enamorada y Hombre apasionado
f) Mujer enamorada y Hombre interesado
g) Mujer enamorada y Hombre agradecido
h) Mujer enamorada y Hombre conmovido

En los casos "a" y "e" la duración depende del cansancio sexual que provoque la relación en la persona no enamorada. Si durante ese tiempo no intervienen factores de Cariño o de interés, agradecimiento o lástima, seguramente no durarán mucho tiempo.

En los casos "b" y "f", la relación puede durar tanto tiempo como el factor de interés esté vigente, salvo que intervengan, como en el anterior caso el Cariño, la pasión, el agradecimiento o la lástima.

En los casos indicados en los apartes "c" y "g" generalmente surge el factor Cariño como soporte de la relación, aunque también pudiera haber componentes de interés, pasión o lástima.

Finalmente, los especificados como "d" y "h", pueden hacerse extensivos, si esa conmoción, es decir la lástima que se haya tenido o se tenga a la pareja se convierte en Cariño, aunque también pudieran surgir los otros factores de interés, pasión o agradecimiento.

La duración, en términos generales, puede ser permanente, si el factor interviniente es el Cariño, pues éste, indudablemente es el que persiste más tiempo que los demás.

Cuando, sin haber amor, las parejas se atraen sexualmente, difícilmente esta relación durará mucho tiempo, salvo que por el contacto continuo se desarrolle el Cariño, y en este caso, ya perdida la atracción sexual el cariño entre las partes puede durar hasta el final. Pero ésto que indicamos, es en el caso de que ambos mantengan el mismo tipo de afecto, pues si aparece en uno, pero no en la otra parte, tarde o temprano fracasará.

Los casos de interés, generalmente son de una sola parte, aunque pudiera ocurrir en ambas. La duración de la relación existirá mientras exista algún interés, salvo que como en todos los demás casos surja el cariño.

Los casos de agradecimiento o lástima son muy poco frecuentes, tan infrecuentes como los del amor entre las dos partes, pero como están interviniendo situaciones muy emotivas, generalmente persisten largamente, aunque obviamente, hay casos en que la parte involucrada emocionalmente cambia de parecer, y entonces se genera la disolución, invocando motivos generalmente fútiles.

El Cariño, normalmente surge en al menos el 50% de todos los casos, y es en realidad el factor fundamental que hace que las relaciones de pareja sean verdaderamente duraderas. Este Cariño, casi siempre se fortalece cuando existen hijos de ambos.

Hay factores degenerativos graves, como son el alcoholismo, las drogas, el juego con apuestas, algunas enfermedades repugnantes, etc. que pueden provocar situaciones de alejamiento, sobre todo si la padecen ambos, pero en el caso de ser uno solo, puede resolverse con la resignación de la parte no deteriorada.

En la mayor parte de los casos, (algo así como un 80%) las parejas se sienten atraídas por el sexo, aunque crean estar enamoradas.

El Cariño, es un sentimiento que no nace espontáneamente como ocurre con el Amor, sino que se produce por el contacto continuo con la persona querida. Es muy difícil que una vez desarrollado se elimine, pues al igual que el Amor son sentimientos muy superiores a los demás que involucran a las partes más elevadas y sensibles de nuestra personalidad. El cariño a la esposa o al esposo, pueden llegar a ser tan intensos como el mismísimo Amor, pudiendo llegar hasta el sacrificio, si fuera necesario, en bien de la o las personas queridas.

Cuando un nuevo ser es procreado, todavía no se le tiene cariño, sino que a medida que se va desarrollando en la matriz de la mujer, tanto ésta, como el padre, empiezan a tener sentimientos de cariño hacia el ser, que aún no conociéndolo ya saben que forma parte de sí mismos, pues son una extensión de su propio ser físico. Al nacer ya ese cariño a evolucionado, no ha sido espontáneo, sino producto del contacto o proximidad con el objeto de tal afecto. Ese cariño puede ser también extensivo por parte de los familiares más próximos, el abuelo o abuela, el hermano o la hermana, etc.

Jamás confundamos el Cariño con el Amor, ambos son sentimientos de la más elevada cualidad humana. Son diferentes, tal como dijimos en que el primero no es espontáneo mientras que el segundo sí lo es, pero sus efectos a lo largo de la vida son similares. La mayor parte de las veces duran hasta el final de la existencia de las personas queridas o amadas.

Con respecto al Amor, que es el objeto de este aparte del libro, proseguiremos diciendo que es frecuentemente confundido con la pasión, es decir con el deseo sexual. Generalmente dos personas de físico a gusto de la otra parte, se llaman la atención, y se desean libidinosamente, aunque les parezca que es algo diferente. Ese supuesto Amor dura únicamente hasta que satisfacen su deseo sexual, el cual una vez logrado, tiende a producir la separación de la pareja, aduciendo cualquier motivo, enmascarado con celos, deficiencias, o cualquier otra cosa que venga fácilmente a la mente del que por ser el primero en perder el deseo, es el primero que promueve la separación.

A veces este deseo sexual ya satisfecho, se equilibra con un cariño incipiente, que permite lograr que la relación continúe, así como la aparición en escena de hijos de ambos que sirven de nexos de unión entre la pareja desavenida. Pudiera ocurrir que perdure el cariño hacia la prole, pero no hacia la esposa o esposo, pero tal vez intervengan otros factores de interés, como es el caso de la pareja, que sin haberse casado, provoca una descendencia, y para cumplir con intereses sociales o de cualquier otra índole, siguen unidos y hasta se casan. Aquí ha imperado el sentimiento de Familia, que es algo muy poderoso, íntimamente relacionado con el Cariño fraternal, filial, paterno o materno.

El verdadero Amor, casi inexistente, de exigirse en una pareja, tendría como efecto que prácticamente desapareciera la Familia, pues es tan escaso, que casi nadie se casaría. El imperante es el sexual, y es lógico, pues los seres humanos somos animales, y como tales estamos sujetos a los llamados de la especie.

El joven que aspire a casarse, y mantener estable, hasta el fín de sus días, esa relación de pareja, debe tener en cuenta todos estos factores, y para ello le damos las siguientes orientaciones:

Para saber si lo que siente es Amor, o simplemente Pasión, hágase el siguiente estudio:

Cuando su amada o amado le produce un ligero rechazo, que hace que usted sienta rabia, deseos momentáneos de no verla o verle, pero que al final le incitan a continuar la relación... Éso es Pasión.

Si a pesar de cualquier cosa que le hagan, usted no cesa en su deseo de continuar la relación o de obtenerla si aún no la ha logrado, o también que aunque su amada o amado les ofenda vilmente, les rechace con desprecio o les haga cualquier otra cosa que provocaría frustración a cualquiera, y a pesar de todo éso usted sigue pensando en su Diosa o en su Dios, como el mejor ser del mundo... Éso, de verdad, sí es Amor.

Si desea constatar si su amada o amado, realmente sienten lo mismo que usted, debe hacerle alguna prueba que satisfaga lo que dijimos en el párrafo anterior. Claro está que esa prueba solamente la deberá hacer si lo que quiere es estar seguro del Amor de esa persona, pues si usted se contenta con otro tipo de afecto, ya sea Pasión,

Interés, o lástima, no debe ejecutar la tal prueba pues posiblemente se le aleje en forma definitiva.

Como ustedes habrán deducido, lógicamente esa comprobación debe ser la de realizar algo desagradable para la persona estudiada. Si la persona le rechaza a consecuencia de tal acto, lo más seguro es que no les ame, pues en caso contrario, aceptaría de buen término el daño moral que usted le esté causando. Tenga en cuenta también que si se enfrenta a alguien que ya leyó este librito y le quiere engañar, a sabiendas que usted le está haciendo la prueba, podrá fingir, y entonces la tal prueba será nula.

Los jóvenes lectores de este manual, que sientan deseos de formar un hogar, ante la enorme dificultad de que ustedes de verdad se enamoren de alguien que también lo haga de usted, debieran optar a seguir otros objetivos. Conseguir una persona que sexualmente les satisfaga, y que tenga ciertas cualidades inherentes a una buena madre o padre de familia. Para ello le damos estas recomendaciones:

a) No importa que el grado cultural sea diferente, pero dentro de ciertos límites. Los extremos son perjudiciales para todo. Un graduado de primaria puede casarse con alguien doctorado, pero no es recomendable que alguien con retardo mental lo haga con bachilleres. Una persona con retardo, obviamente, en forma legal deberá estar tutelada por su cónyuge, pero no debe haber demasiadas diferencias, pues la incompatibilidad sería insostenible. No es recomendable que dos personas del mismo nivel y de la misma profesión se casen, pues se convertirían en socios comerciales, y nunca en una verdadera familia. Sin embargo, pueden hacerlo perfectamente si son de profesiones diferentes, siempre que tampoco sean demasiado disímiles. Por ejemplos: médicos con abogados, ingenieros con profesores, etc.

En el caso de los oficios, no tiene importancia que dos personas que trabajen en el mismo área se unan, o que lo hagan en trabajos diferentes: Carpintero con Costurera, Cocinera con albañil, maestro con diseñadora, etc. pero siempre deben de controlarse los valores instruccionales, que si son de obligatorio cumplimiento, como especificamos anteriormente, no llegando jamás a los extremos. Por ejemplo: alguien con retardo, casado con un dibujante arquitectónico, difícilmente perdurarían.

Existen casos especiales de personas de características muy diferentes entre sí, pero que dados importantes factores de su personalidad pueden incidir en la satisfacción personal de ambos dentro de un matrimonio. Artistas pintores, músicos, escritores de fantasía, escultores modernos, maestros especiales, y casos semejantes, por ser personas de personalidades sentimentales tan diferentes a los demás, podrían encajar en los casos extremos sin fracasar. Hemos tomado el ejemplo de personas con algún retardo mental, pero obviamente siempre que no sea demasiado profundo; pero también esta recomendación se hace extensiva a personas con incapacidades físicas, aunque en estos casos, no es recomendable que dos incapacitados se unan, pues deberían buscarse la ayuda complementaria del déficit físico en la pareja sana.

Las posibilidades son tantas que se nos hace dificil la clasificación, dado que todas las personas, sean como sean, tienen derecho a unirse a otras y ser felices.

Los jóvenes interesados en información sobre la elección de pareja, con fines matrimoniales, podrá hacerlo buscando la palabra Matrimonio.

ASPECTO.

La importancia de tener un buen aspecto ante los demás es fundamental. Si te crece la barba, córtatela; no lleves ropas sucias o malolientes; si te es posible, lleva ropa presentable de acuerdo al medio donde te desenvuelvas, tratando de ir siempre un poquito, sólo un poquito mejor que los demás, no hagas alardes de lujo, ni tampoco manifiestes miseria. Las uñas largas o sucias son de pésimo gusto, así como llevar objetos colgados en orejas, muñecas o cuello. Las damas, por su parte, ya que acostumbran dejarse largas las uñas, no deben excederse en tal largo, pues inconscientemente se relaciona largo de uñas con incapacidad de producción material. La moderación es un factor de equilibrio muy importante. Igualmente con zarcillos, pulseras y collares: el exceso implica chabacanería, afán de ostentación, lo cual se ☐justifica en los artis-tas, cantantes, de cine o teatro, porque tienen que llamar la atención para que el público se ente-re que actúan, y un buen medio es hacer algo estrafalario que a otro ☐tipo de persona no le está permitido realizar dentro del contexto de una so-ciedad inteligente. Obviamente, no trates de emu-lar a estas personas, salvo que quieras incursionar en la farándula, pues te expondrás al ridículo ante los más inteligentes, ya que☐la opinión buena o mala de los que no lo sean no debe importarte.

En consecuencia, si atiendes algunas re-glas elementales, podrás tener la sensación real de que eres bien aceptado en los lugares que tengan verdadera importancia para tu desarrollo:

1).- Limpieza del cuerpo y ropas.

2).- No ser el primero en llevar la última moda, ni el último en dejar las de otro siglo.

3).- Saber distinguir entre una presenta-ción afectada por intereses de llamar la atención y la corriente de todos los días.

4).- No pecar por exceso ni por defecto, tanto en el uso de vestimentas como de adema-nes. El camino medio es el mejor para casi todas las cosas de esta vida.

5).- Saludar siempre con una agradable sonrisa, no importa que no la sientas, llegará un momento que forme parte de tí y sonreirás automáticamente. La sonrisa abre muchas puertas.

## ASTROLOGÍA

Muchas personas creen ciegamente en la influencia de los astros, y en base a ello todos los días leen su horóscopo con la idea de prevenirse de futuros males o de aprovechar una posición astral beneficiosa. ¿Qué influencia pueden tener sobre nosotros planetas tan lejanos como Saturno, Urano o Neptuno?. Ninguna, desde luego. Los únicos astros que nos influencian, por su proximi-dad son la Luna y el Sol, y esa influencia es de tipo físico, y nada tiene que ver con la suerte o el destino; la Luna, que produce las mareas y ciertos fenómenos biológicos en la agricultura fundamen-talmente; el Sol creando tormentas radioeléctricas que nos interrumpen las comunicaciones, y algu-nas otras consecuencias por el estilo. Sin embar-go, nuestra mente, que es muy poderosa, si es capaz de influir en nuestro destino. Si nosotros leemos en el horóscopo, el cual nos dice que puede ocurrir tal cosa, nos sugestionaremos e inconscientemente haremos que tal cosa ocurra. No porque Venus estaba en el campo de Marte, sino porque desarrollamos el poderoso fenómeno psíquico de la autosugestión, que puede mover montañas. Amigo mío, por lo tanto, te recomenda-mos que para que no te autosugestiones e incons-cientemente cruces la calle sin mirar a los lados, preocupado porque el horóscopo te dijo que te iba a golpear un carro… no leas esas tonterías y así evitarás que el vehículo te atropelle de verdad.

## BARATO O CARO

Muchas personas, cuando van a comprar algo solo tienen en cuenta el precio del objeto. Si su bolsillo está escaso compran lo más barato, y si son sujetos que viven en la abundancia, se van por lo más caro. Ni uno ni otro pueden estar comprando lo mejor, veamos:

a) El precio de un producto lo coloca el comerciante. Este no se preocupa demasiado por la calidad, sino por la posibilidad de vender mayores cantidades y ganar lo más posible.

b) Si un producto es llamativo, ya sea por su color, el material con el que está fabricado, o por el uso que se le va a dar, se suele comprar en función de los colores más vivos, mejor forma de estar empaquetado de fábrica, haber escuchado propaganda por radio o televisión sobre la bondad de tal o cual cosa, etc. lo que como ustedes podrán observar son detalles banales, que no tienen nada que ver con la calidad.

c) Puede ocurrir que nos guiemos por la confianza que le tenemos a alguna marca afamada, y no nos ponemos a pensar de que las grandes marcas son también las mayormente falsificadas. Alguna vez me ha ocurrido en mis años de inexperiencia que yendo a comprar un juego de herramientas de las afamadas marcas de calidad americanas o europeas, de las cuales no digo el nombre para que no se crea que cobro la propaganda, al comprarlas, llevarlas a la casa y empezar a usarlas se me han roto antes de emplearlas la primera vez. Generalmente estos productos falsificados no ponen la procedencia, contraviniendo las normas internacionales, pero basándose en que la gente compra con los ojos y no con el cerebro, todo pasa desapercibido y sus negocios de ventas van viento en popa.

d) Cuántas veces ocurre que compramos un juguete para obsequiar a un niño el día de su cumpleaños, y vemos una hermosa y fuerte caja de cartón, impresa en vivos colores, con muchas indicaciones, recomendaciones, y tantas cosas más, y cuando llegamos a la casa, se la damos al niño, y este abre la caja se encuentra con una figurita de plástico enclenque que se rompe al primer intento de jugar con ella. En este caso nos engañó la exuberante apariencia de la caja, del envase, sin haber pensado que lo que iba dentro era basura.

e) Tal vez hayamos comprado una prenda de plata, para obsequiársela a algún ser amado, o bien algo enchapado en oro, y al cabo de un par de meses, descubrimos que la supuesta plata era cobre por debajo, y que la prenda enchapada en oro, era tan por encimita el oro del cual estaba forrada, que a la primera limpieza descubríamos otro metal más barato dentro de ella. sin habernos dado tiempo a usarla ni un par de veces.

f) Y no digamos de las piedras preciosas, que sólo deben comprarlas las personas que de verdad saben de tales prendas, pues es una de las formas más fáciles de estafar a los incautos. Recuerdo que en el año 2003, en un viaje hecho por Madrid, compré en una elegante joyería de la calle Atocha, un par de anillos matrimoniales, con la finalidad de sustituir los que próximamente iban a cumplir cincuenta años y estaban demasiado desgastados. Al llegar a Venezuela, descubrimos que nos habían engañado igualito que un chino engaña a un  occidental vendiéndole basura que parece obra para la eternidad. El vendedor se había aprovechado de mi condición de turista, a sabiendas de que a lo mejor nunca podría volver para reclamarle, y yo caí en la trampa pensando que en una ciudad con fama de tan serio y correcto proceder, como en efecto lo es Madrid, eso no podría suceder, y mucho menos en una tienda de tal elegancia. Vean que sí pasa lo que parece imposible. Tontos y vivos los hay en todas partes.

De todo esto que les hemos hablado, además de ponerles en alerta sobre lo que parece ser y no lo es, les recomendamos, que cuando vayan a comprar algo se fijen en la calidad del producto, pues será mejor pagar cinco dólares por un buen destornillador de marca verdaderamente original y de calidad, que le dure diez o veinte años, y no comprar  aquel otro que siendo igualito en forma y tamaño, y que  le cueste a lo mejor un dólar, pero que le durará tal vez un mes. ¿Cuántos meses hay en diez o veinte años?. Estudie el ejemplo.

Las mercancías elaboradas en el continente asiático, indudablemente son muy bellas, llamativas y generalmente muy económicas, no solamente porque pagan sueldos muy bajos a su personal, sino también porque utilizan materiales casi desechables en la fabricación de muchos objetos, claro que con la excepción bien conocida de todo lo japonés que siempre ha sido tan bueno como lo europeo o lo americano.

Después de haber sido engañados multitud de veces por objetos fabricados en paises emergentes, que quieren serlo a costas del bolsillo de nosotros los tercermundistas, hemos decidido, definitivamente, que cuando vayamos a comprar algo, primero busquemos que sea fabricado en los paises más serios tradicionalmente, y salvo que por urgente necesidad no podamos seguir buscando en otros lugares, lo hagamos de objetos elaborados en los paises que al menos son de nuestra órbita histórica, y que aunque no tengan aspectos tan elegantes como los asiáticos, muchas veces son mucho más duraderos. Y en última instancia, si vamos a comprar algo deficiente, compremos lo de nosotros mismos, pues al menos ayudamos a nuestros compatriotas a tener más empleo.

BARBERÍAS, PELUQUERÍAS Y CENTROS DE BELLEZA.

Si usted es una persona correcta, que se preocupa por los demás, tanto como por usted, seguramente hace cuando asiste a alguno de esos lugares, previamente se habrá dado un buen baño, especialmente la cabeza, para que cuando le hagan el trabajo de peluquería o barbería la suciedad no se mezcle con la sustancias que le apliquen. Pero tenga o no tenga esa buena costumbre, piense que hay personas que no lo hacen, y que como no todos los peluqueros o peluqueras son excesivamente pulcros, utilizan el paño de unos para con otros, las hojillas de afeitar de alguien que tiene problemas en la piel, con su propio cutis. En definitiva, que aunque lo correcto, y también lo obligatorio por las ordenanzas sanitarias, es de desinfectar todos los utensilios al pasarlos de un cliente a otro, muchas veces tal cosa no se hace. Cúide por lo tanto, en qué local usted se afeita o se corta el pelo, y las damas, en qué forma le lavan su cabellera para hacerse la permanente o cualquier arreglo de su persona. Si no observa un comportamiento adecuado la primera vez, simplemente la próxima vaya a otro lugar que parezca mejor, y cuando encuentre usted uno correcto, no le importe pagar un poquito más, pues su salud es lo primero.

Algo que es bueno recordar a los que ya lo saben, y hacer saber a los que no, que en los centros de belleza, a través del uso inadecuado de utensilios empleados sin higiene en diferentes personas, se transmiten enfermedades de todo tipo, por lo que al asistir a uno de esos centros, averigüe primero, no tanto su aspecto y economía de precios, sino como trabajan diariamente. Para saber tal cosa, nada más sencillo de observar mientras espera turno, todo lo que hacen con las herramientas, ver si usan descontaminadores, o cualquiera de los utensilios empleados para tales protecciones. Si vé que la misma hojilla que utilizaron con ese señor que tenía verrugas raras en la cara, la va a emplear con el inocente niño de quien su descuidada mamá no hace caso porque está hablando con la vecina que también asiste hoy... diga que debe marcharse, con cualquier pretexto, pero no deje que le vayan a contagiar, alguna barbaridad.

## BEBIDA

El acto de beber, se ha convertido en un rito social. Si vas a una fiesta y no le entras aunque sea a un traguito te considerarán lo que en criollo hemos dado por llamar "zanahoria". Para evitar tal cosa, a sabiendas de que la bebida es dañina en exceso, también hay que reconocer que moderadamente puede ayudarnos a resolver algunas situaciones importantes, como por ejemplo obtener un ascenso, conseguir una venta, etc. En estos casos lo importante es que, basándonos en que usted sabe plenamente que su persona no es bebedora consuetudinaria, es decir no es viciosa, puede permitirse, con el derecho que le da satisfacer esa amplia moderación, ingerir alguna copita que otra dentro de los limites que usted mismo debe conocer de su capacidad de ingesta. Generalmente en cerveza no pasa de cuatro vasos, y en bebidas mas fuertes unas dos copa serán suficiente. Si excede los limites se convertirá usted en una especie de animal, porque los autocontroles de su conducta empezaran a fallar, y entonces tal vez hará usted el ridículo delante de los que estando en ese mismo lugar, sean personas conscientes y correctas, aunque usted, en ese posible estado de embriaguez ni se dará cuenta de que le estarán despreciando por su condición antisocial momentánea.

El exceso de bebida hace funcionar exageradamente a los riñones, los cuales tienen una tasa de eliminación de alcohol de nuestro torrente sanguíneo, que aunque trabajen a tiempo completo no les dará abasto si hemos ingerido demasiado. Lo mismo le ocurre al hígado. ¿Han oído ustedes hablar de cirrosis hepática?. ¿Y saben también lo que es la diálisis?. La primera muchas veces es consecuencia del abuso del alcohol, y también, en muchas oportunidades, produce la muerte del enfermo, mientras que la segunda, la diálisis, le obliga a usted a utilizar una máquina que cumpla las mismas funciones de sus destrozados riñones, que seguramente ya no son capaces de purificar su sangre de tales venenos. ¿No creen que bien vale la pena ser moderado en la ingesta alcohólica, y poder vivir más tiempo?.

En definitiva, como en todas las cosas de la vida, el camino medio es el más razonable, ni todo ni nada, ni mucho ni poco, la palabra Intermedio es la mas eficiente, y la que nos garantiza el mayor éxito con el menor número de riesgos.

CAPACIDADES

Todos los seres humanos, cuando nacemos, poseemos aproximadamente las mismas posibilidades de desarrollar cualquier cualidad. No somos diferentes unos de otros salvo que haya algún problema congénito que haya alterado nuestro organismo, pero en la gran mayoría de los casos todos estamos en condiciones similares.

Las diferencias entre unos y otros ocurren muchas veces a consecuencia del medio en que nos desenvolvemos, pues las variables tales como el tipo de crianza, los recursos económicos de los progenitores, el ambiente social donde se evoluciona, el tipo de instrucción que se recibe hace que poco a poco nos vayamos diferenciando, pero siempre debemos estar conscientes de que en el fondo, la realidad, es que todos somos capaces de hacer lo que puedan hacer otros.

La diferencia está en que debido al grado de desarrollo como producto de las variables antes mencionadas, éstas hacen que una persona adquiera complejos de inferioridad o superioridad, de acuerdo con lo que la situación propia le ha enseñado a desarrollar. Cualquier joven, que tenga los mínimos requisitos para avanzar, aunque sea lentamente, podrá, en base al mayor o menor esfuerzo que imponga a sus acciones, llegar a donde desea. ¡Claro esta que estamos hablando de cosas posibles, pues si un abogado decide que quiere ser el dueño de un gran asentamiento de colonos terrestres en el planeta X de una galaxia a un millón de años luz, nos podemos reir de él, pero si ese deseo, en forma más moderada lo tiene por ejemplo un ingeniero o un físico, que piensa desarrollar la forma de transmutar la materia y poder llevarla instantáneamente al planeta Marte, éso si esta dentro de lo posible, aunque en este momento nos parezca bastante difícil.

Podemos por lo tanto recomendar a nuestros jóvenes lectores, que no piensen en ningún momento que no son capaces de realizar sus proyectos, pues con paciencia y esfuerzo, lo podrán lograr.

Las personas que a consecuencia de algún accidente, o porque nacieron con una tara genética, se ven con serios problemas para enfrentar la lucha por la supervivencia, en las actuales condiciones, en que nadie cuida de otros, ni siquiera los entes gubernamentales, que generalmente hablan mucho, pero en el fondo no hacen casi nada... vean como superviven, como luchan y se superan, y a veces, como en el caso de los deportistas incapacitados son capaces de alcanzar metas que la gente sana no logra ni esforzándose. Ésto nos demuestra fehacientemente, que todos, en mayor o menor grado podremos llegar a la meta de nuestras justas aspiraciones, siempre que lo hagamos juiciosamente, poniendo empeño en lograrlo, y sobre todo no perdiendo la esperanza de que ¿Sí podemos hacerlo!.

CARIÑO

El Cariño es uno de los sentimientos más elevados que puede experimentar nuestro espíritu. Conjuntamente con el amor, alcanzan lo más elevado en la escala de las emociones.

El Cariño, puede llegar a tener la misma intensidad que el verdadero Amor, aunque ambos se diferencian en que el primero se va desarrollando lentamente hasta alcanzar la cúspide emotiva y sentimental, mientras que el amor nace espontáneamente, en forma inmediata. Ni el úno ni el ótro están sujetos, mayoritariamente a disminuir su tal intensidad.

El Cariño empieza desde cero, aumentando su intensidad a medida que la persona que lo siente va relacionándose con la que empieza a encariñarse. Una madre comienza a desarrollar el cariño hacia su embrión humano, y al llegar al estadio de feto este cariño ya es mayor, hasta que al nacer, esa relación afectiva que duró nueve meses, hace que la madre sea capaz de tener ese sentimiento tan profundo en el recién nacido, que ya a partir de ese momento es capaz de defenderlo a todo trance. Prueba de ese desarrollo afectivo es el hecho de que una mujer que aborta a los quince días no siente tanto dolor emocional como si el aborto ocurriera a los seis meses, pues entre esos meses transcurridos, la evolución del cariño ha ido progresando paulatinamente. Ese dicho desarrollo continúa avanzando durante el permanente contacto con ese ser; prueba de tal cosa es que se quiere mucho más a un hijo de veinte años que a uno recién nacido. El cariño existe en ambos casos, pero es mucho mayor cuando la relación afectiva ha ido aumentando a través del tiempo. Esa es la mayor diferencia con el amor verdadero, que es intenso desde el primer momento que se produce.

Aunque ya hemos hablado algo sobre el Amor, es bueno recordar en este caso que no es verdadero amor lo que generalmente llamamos así. El amor verdadero es muy difícil de encontrar, pues sin mediar relación alguna, el sentimiento se hace intensamente profundo con sólo un acercamiento al ser que empezamos a amar instantáneamente. La persona que ama, así como la que quiere intensamente, son capaces de dar su vida por el ser querido o amado. Ésto ocurre inmediatamente en el amor, mientras que en el cariño, sucede cuando ya alcanzó la intensidad adecuada.

El amor podría surgir espontáneamente en una persona que ya conoce a la otra, y a la que profesa cariño, o inclusive deseo pasional, por haberla conocido y tratado durante algún tiempo. Podría surgir el amor entre dos parientes, tales como primos, los cuales se quieren como tales, pero de pronto en uno de ellos surge el enamoramiento. Ese amor adquiere su valor más intenso, cuando son ambos individuos los que simultáneamente adquieren esa condición de enamorados. No necesariamente debe ocurrir a la vez, pues podría ser fácilmente, sentido por el primero, y alcanzar a la pareja posteriormente. Si tal cosa ocurriera, ese amor sería para siempre, y solamente lo podría disolver la muerte. Lamentablemente, es tan escaso que prácticamente es inexistente. Lo que suele llamarse amor, es simplemente Pasión, es decir, tal como dijimos en otra oportunidad, es la atracción sexual de una persona hacia otra, en forma libidinosa. Este tipo de amor no verdadero, es decir el pasional sí es muy frecuente, y ocurre en la mayoría de los casos. Si la pareja persiste en ese deseo sexual, hasta que ambos inician a tenerse cariño mutuo, seguramente la relación durará por siempre. En gran parte de los casos, aproximadamente el cincuenta por ciento, el cariño se desarrolla solamente en uno de los cónyuges, lo que determina que al final suelen separarse, salvo que haya otros intereses ajenos al cariño, que sean capaces de mantener la unión, como son por ejemplo la existencia de hijos o bienes en comunidad.

Dado que el verdadero amor es muy raro, no contribuye grandemente a la permanencia del núcleo familiar, pues el que domina sustancialmente es el pasional de tipo sexual, y posteriormente, al enraizarse con el cariño, aunque desaparezca el deseo libidinoso, continuará la unión familiar, debido a las razones que ya hemos expuesto.

En definitiva, podemos concluir que prácticamente el único sentimiento que hace perdurar la familia, y por ende la unión de pareja, ya sea en forma legal o simplemente de hecho, es el sentimiento que llamamos Cariño, pues los otros existentes, pueden coadyuvar, pero no son los básicos.

## COBRAR O PAGAR

Si vas a realizar una operación comercial en la cual debas movilizar dinero, trata de usar tarjetas, cheques de cualquier índole. No corras la voz de lo que piensas hacer, o en todo caso di cosas contrarias que desorienten al ladrón, asaltante, estafador o amigo pedigüeño. Lamentablemente nuestra sociedad actual está formada por un alto porcentaje de delincuentes que esperan el menor descuido tuyo para darte el golpe de gracia. Recuerda que a veces los niños, inocentemente se pueden hacer cómplices de la delincuencia diciendo fuera de su casa lo que escuchan dentro de ella.

En esta sociedad tan corrupta en la que desgraciadamente convivimos, ya sea en un país o en otro, pues a casi todas las naciones les alcanzó tal virus, lo que nos puede ayudar a supervivir, es aumentar la cautela al nivel máximo. Hay que desconfiar de todo el mundo, aunque, como es obvio, no lo dejemos traslucir en nuestras expresiones, y solamente debe quedar en nuestros pensamientos y en la forma de realizar nuestras acciones. Por ejemplo: al sacar dinero de una entidad bancaria, puede ser que el mismo cajero, el vigilante, o cualquier otro miembro del personal de esa institución, avise a los delincuentes que apostados afuera, le harán seguimiento, y al pasar por el lugar más desprotegido, al saber que lleva tal cantidad, lo atraquen, o como es costumbre actualmente en nuestro país, maten a quien sea para que no los delate. Las bandas organizadas introducen a uno de sus miembros en el lugar de movimiento de dinero para observar quien recibe lo suficiente para que merezca ser objeto del asalto. Averiguan si el cobrador va solo o acompañado, si hay alguien que le espera, si tiene armamento, etc. A veces los datos son obtenidos en la misma empresa donde trabaja, y hasta el mismo jefe que le dá el cheque para cobrar lo que pagará a los empleados de su oficina, se puede poner de acuerdo con los facinerosos para quitarle a usted lo cobrado.

Es recomendable que cuando tenga que realizar una operación de tal índole, ya sea suya propia o por encargo de alguien, vaya acompañado por personas de su plena confianza, preferiblemente dos, una que lo acompañará y otra que los seguirá, para en caso de emergencia poder ayudar desde fuera del conflicto, ya sea avisando a la policia o atacando a los mismos delincuentes.

A veces seguir tal procedimiento no es posible, dadas las circunstancias, por lo que preferiblemente debemos hacer uso de los cheques de gerencia que solamente puedan ser cobrados por la persona que conste en ellos. Las transferencias suelen ser buenas entre instituciones serias, pero existe el riesgo que le hagan una transferencia fraudulenta, y al averiguar sobre el depósito se encuentre que no lo hicieron. Tampoco hay que fiarse demasiado de los cheques gerenciales, pues éstos algunas veces son falsificados, y por lo tanto no existirá un pago del tal banco emisor.

COCINA.

Guarde las verduras que usará para condimentar, desmenuzadas y dentro de un envase de plástico cerrado, colocado en el refrigerador. Esto aumentará grandemente la duración de estos alimentos.

Cuando esté cocinando algo que tenga aceite, por ejemplo: una tortilla en una sartén, tenga mucho cuidado que no le caiga agua al aceite, pues el efecto será, sin lugar a dudas, que el tal aceite saldrá despedido y usted seguramente sufrirá quemaduras.

A veces tenemos el vicio de ir dejando pequeñas cantidades de comida que nos dá lástima desperdiciar en el momento en que el apetito ya se colmó y aún queda algo en el plato, y lo depositamos en un refrigerador. Pasan los días y al agrado de las nuevas comidas que vamos preparando, nos olvidamos de esos residuos que guardamos en ese importante protector alimentario que es nuestra nevera. El resultado seguramente será que tarde o temprano tendremos que arrojar a la basura un alimento que originalmente era saludable, pero que por nuestro descuido se ha vuelto insalubre. Para evitar tales cosas debemos seguir algunas reglas:

a) Debemos calcular el alimento que se va a ingerir de acuerdo con el número de personas que lo van tomar, tratando de conocer un poco el gusto de cada individuo en particular. Siempre es preferible no quedar saciado de un alimento, que quedar empachado. En el primer caso siempre nos seguirá gustando esa comida, en el segundo, tarde o temprano la detestaremos.

Si a alguna de las personas sentadas a la mesa le parece que le faltó algo para sentirse satisfecho, puede tenerse preparado algún alimento adicional, que no requiera ser cocinado, y se guarde especialmente para esos casos. Por ejemplo: Hoy el cocinero o cocinera, pensando que somos cuatro personas a comer, prepara chuletas de ternera para los cuatro, una para cada uno, además hay un excelente  caldo de res que tiene algunos tropezones de carne deliciosos. Tenemos como bebida abundante leche, o un vaso de jugo, a la preferencia de cada quien. Resulta que Carmencita, la dueña de la casa tomando el caldo se encuentra con varios pedacitos de carne extra que no los tenían los platos de Juan, Jacinto y José, y como es de mal gusto tomar la comida del plato de uno para ponérselo al plato de otros, una vez que ya se ha empezado a comer, el resultado es que los ingiere todos. Cuando le toca comer la chuleta de ternera, no le provoca porque ya comió mucha carne, entonces, antes de servírsela ella misma la deja para que la tomen los demás. Juan viendo que hay una de más, en vez de una chuleta se come dos. Jacinto y José toman una cada uno, pero como a su caldo no le tocó carne, sienten que una chuleta es poco y quedan insatisfechos. Disimuladamente empiezan a bostezar. Carmencita, al ver tal conducta, se dirige inmediatamente a la alacena donde guarda las conservas y saca una lata de carne de res mechada, de esa tan sabrosa que comíamos importada de USA, hace al menos cincuenta años. La abre, se la sirve a Jacinto y José, y el problema quedó resuelto. No queda comida sobrante, y sin embargo todos están satisfechos.

Cuando desperdiciamos comida, debemos pensar que lo que nosotros dejamos dañar salvaría la vida de tantas personas que se mueren de hambre en el cuarto mundo de África o Asia. Aunque no tengamos posibilidad de ayudar a esa pobre gente, al menos, en nuestra conciencia, no tendremos la mancha de sentir que somos unos canallas dejando perder lo que a otros les falta.

## COMPUTACIÓN.

Nunca apague la PC en forma inmediata, cortando la corriente del equipo antes de que cierren los programas. Esto ocasionará que se irán dañando algunos sectores del disco duro hasta que la máquina se vuelva cada vez más lenta.

Nada más incómodo que después de realizar algún trabajo, y cuando estamos a punto de guardarlo, se pronto se vá la electricidad. Prevenga los posibles daños guardando su trabajo de tanto en tanto. Tenga en cuenta que todo lo que haya escrito desde su última grabación lo perderá.

A veces las personas tienen varias cuentas bancarias, y como deben cambiar las claves periódicamente para evitar posibles manejos dolosos de los sinvergüenzas de turno, se acostumbra hacer las correcciones en la computadora. Cuando usted haga esa actualización de datos en el documento que usted generalmente imprime para tener a mano lo que fácilmente se olvida, debe desconectar internet mientras hace los cambios, para evitar que durante ese lapso le copien la información. Tampoco almacene en el disco duro esos importantes archivos, debe borrarlos, inclusive de la Papelera de Reciclaje, mantener la información en discos externos, pentdrives u otro medio de almacenamiento que usted pueda guardar muy personalmente.

Un buen truco que puede ayudar en caso de descuido, y cuando se sospecha que alguien pudiera haber copiado informaciones, sobre todo en lo que respecta a claves, es hacer supuestas actualizaciones falsas y dejarlas en el disco duro para que el hacker se confunda, y al menos tarde más en obtener la información correcta, hasta que usted pueda cambiar las claves por otras nuevas verdaderamente.

No es recomendable dejar por mucho tiempo los historiales, ni tampoco los cookies, dado que eso permite al intruso obtener informaciones que a lo mejor no le convienen. Hay programas que se ofrecen a hacerle copias de seguridad que quedan en una especie de nube. No son confiables, pues no siempre lo realizan personas serias. Las copias de seguridad las debe usted tener en discos duros externos, pentdrives o dividis, teniendo en cuenta que una descarga electromagnética puede borrar cualquier información; por lo tanto no guarde su material de almacenamiento cerca de potentes altavoces u otros medios que irradian ondas electromagnéticas, pues podrían tal vez borrarse.

Cuando tenga que cambiar, limpiar, o en general manejar las memorias de su computadora, tenga en cuenta que nosotros almacenamos energía electroestática que puede dañar tales componentes. Antes de tocar esos accesorios debe hacer contacto directo con una buena tierra, para descargar la energía acumulada en su cuerpo, y después podrá manejarlo, procurando no tocar los contactos de tales piezas.

Dado que los discos duros externos y los pentdrives en cierto modo no son demasiado seguros para almacenar informaciones importantes, los discos cds o dvds tienen una mayor seguridad aunque menos capacidad, pero tampoco son totalmente seguros. Por ninguna circunstancia permita que se dañe la pintura de la cara superior, pues contrariamente a lo que se piensa mayoritariamente es más dañino un rayón en ese lugar que en la superficie interna. Podría dañarse totalmente el disco.

A veces la información debe guardarse durante años, y cuando vamos a utilizarla descubrimos que está deteriorada. Ésto es fácil que ocurra con los cd's o los dvd's, por lo que recomendamos que al menos una vez al año se revisen y se vuelvan a regrabar en otro medio.

Algunos de ustedes pensarán que somos paranóicos obsesivos, y que en realidad eso no ocurrirá nunca. ¡Pregúntenle ustedes a empresarios o instituciones públicas que han sufrido graves problemas por hechos como éstos!. Obviamente una persona particular generalmente no tiene que guardar archivos externos por mucho tiempo, y por eso casi nunca le ocurre nada, pero recuerden el dicho popular de "más vale prever que lamentar".

Dada la forma moderna de mantener contactos de toda índole, ya sea a nivel comercial, educativo o personal, es una buena prevención llevar siempre un pequeño pentdrive, de al menos cuatro gigas, en su bolsillo o billetera, que le permitirá guardar, en el momento que usted menos se imagina, ya sea un documento, un video. fotografía o pieza musical, que de no llevar tal implemento no podría disfrutar posteriormente. Hay piezas tan pequeñas, que apenas harían bulto hasta en el repliegue de una hoja de papel de su agenda o en un compartimiento de fotografías de su billetera.

Si está trabajando en algo importante, privado, y de pronto le avisan que le llama alguien, o que debe hacer tal o cual cosa, no deje en la pantalla el texto de lo que va escribiendo, redúzcalo con el consabido signo (-) en la parte superior derecha de su PC, así evitará que le copien datos, visualmente, mientras usted contesta el teléfono o habla con la persona que le avisaron. Recuerde que tal llamada podría ser un truco para leer lo que escribe. Claro está que si va a ser por mucho tiempo, lo mejor es apagar la computadora, no olvidándose, como ya dijimos anteriormente, de grabar lo escrito hasta ese momento.

Hay algo que me acaba de ocurrir, a pesar de que por ser tan anciano, pudiera creer que me la sé todas. Este librito ya lo tenía listo hace dos semanas, corregido al detalle, con prólogo, introducción y hasta con índice. Para tener más seguridad de no perder el gran trabajo, tomé en este maravilloso programa Word, que nunca se equivoca, las 220 páginas que ya tenía listas para editar y las traté de superponer a la anterior copia que solamente tenía 150 páginas. Hice el consabido "copiar" con el mou-se en tal archivo y buscando el viejo de 150 páginas marqué "pegar". Cuando averigüé que tal me había quedado mi acción de copiar para asegurar esas páginas, me encontré, que contrariamente a lo esperado, se me habían copiado las 150 al de 220. Resultado: aquí me tienen escribiendo mi fulano librito, por segunda vez, y que lamentablemente es diferente al que se me borró. Por lo tanto amigos míos, no se fíen ustedes, ni de su computadora, pues a veces les juega malas pasadas.

## COLEGIOS Y GUARDERÍAS :

Muchas parejas actuales se ven en la necesidad de enviar a sus hijos a la escuela, no solamente porque les obliga la ley, sino porque desean que su prole se desarrolle instructivamente, y que el día de mañana sean capaces de valerse por sí mismos para procurarse el sustento; pero hay otros que lo hacen para quitárselos de encima poniendo a los maestros en un papel similar al de guarderías, Imagínense lo que harán los niños cuando sus papás no les ven: desastres. Es obvio que los maestros actualmente han perdido el control parcial que tenían de los muchachos debido a nuevas leyes que impiden, a veces con exceso, implementar sanciones. Cualquier actitud que no le guste al niño o al papá o mamá se convierte en una queja que a veces lleva hasta a los tribunales. Ante tal situación, los docentes se limitan a impartir como pueden las clases que les requiere su ministerio y hacen oídos sordos a los malos comportamientos infantiles. Tanto para los progenitores, que por tener que trabajar no se les facilita el control permanente de los muchachos, como para aquellos que se quitan la carga de sus hombros enviándolos al Instituto, es que les recomendamos que busquen ayuda en familiares, amigos, vecinos, o cualquier persona de su confianza para vigilar en parte lo que hacen los niños cuando los padres no los ven. Con ésto estaremos tratando de reducir el número de futuros delincuentes, que empiezan jubilándose de clases, pinchándole el caucho al maestro que los reprobó, y que al llegar a la casa parecen santitos que no rompieron un plato. Ésto es muy largo de explicar, por lo que por el momento lo dejaremos así..

## CÓLERA, IRA

Estamos sujetos a sufrir una situación de rabia tal que nos produzca cólera o ira inusitada. Muchas veces, sin mediar un  proceso de razonamiento, emitimos conductas de las que posiblemente nos arrepentiremos posteriormente, por ejemplo: vamos manejando nuestro vehículo, y un sujeto en un carrote de lujo pasa a nuestro lado y nos dice "bota esa chatarra". Puede ocurrir, que si usted tiene el Ego muy elevado, y no acepta algo que considera una terrible ofensa a su honor de ciudadano, de automovilista o de quién sabe qué, acelere su automóvil, que por ser más antiguo tiene el parachoques más duro, y golpee el carro de quien le ha proferido el supuesto insulto. Nadie va a poder demostrar que ese señor le dijo tal cosa, pero si hay pruebas de que usted, en forma indebida, a exceso de velocidad, golpeó el vehículo de tal señor, dañando la carrocería, y a veces hasta la mecánica, sin contar con que de resultas del golpe el ofensor puede quedar herido, o al menos fingirlo para comprometerlo a usted más. Seguramente tendrá infracciones de tránsito, pago de daños vehiculares y a lo mejor hasta clínica, sin contar con que el tal señor, a lo mejor es abogado y le cobra lujo cesante.

Recomendaciones: ¡Cálmese!. Que le digan algo de palabra no mata a nadie, y si usted realmente es una persona capacitada, inteligente, se dará cuenta de que no importa que un perro nos ladre mientras no nos muerda.

Obviamente esta recomendación es aplicable a muchos, pero muchos casos más de la vida diaria de cualquier joven, y hasta de la de cualquier anciano también.

CONSEJOS

Dar y recibir consejos son funciones importantes de la vida. Ambas nos ayudan en una u otra forma a ser mejores. El que los recibe, posiblemente estará un poquito más en capacidad de resolver alguna situación que le hace la vida incómoda, y el que lo dá, al hacerlo tiene la sensación de que es alguien útil, que en una u otra forma realiza algo por lo que ha merecido vivir. Sinembargo hay algunas pequeñas reglas que recomendamos tener en cuenta:

El que dá un consejo asume una responsabilidad tal, que si lo que ha indicado no funciona, realmente él será el responsable pleno de tal fracaso. Dar consejos no es nada fácil, aunque muchas personas lo otorgan alegremente sin medir las consecuencias. Al dar un consejo hay que estar totalmente seguro de que tal cosa funcionará, y para darlo debemos tener algunas condiciones:

a) El consejero debe tener pleno conocimiento del tema.

b) Debe haber previsto todas las posibilidades, y haber tomado la decisión de aconsejar después de haber evaluado la muy alta posibilidad, cercana al cien por ciento, de que tal consejo surtirá el efecto deseado.

c) Es necesaria la experiencia previa, ya sea a nivel personal, o por medio de personas que conocemos, o estudios que hemos realizado.

Por su parte, el aconsejado, debe haber solicitado el tal consejo, de acuerdo con lo siguiente:

a) Que sea incapaz de resolver el problema por sí mismo.

b) Que sea para su propia aplicación, y no para referírselo a otra persona que tenga igual dificultad.

c) Debe tener suficiente confianza en el sujeto que le dará el consejo, la cual sólo es posible obtener, por experiencia propia en casos anteriores, o por referencias de personas muy confiables que han hecho uso de la misma persona.

Un buen psicólogo, nunca dá un consejo, sino que hace recomendaciones, en forma tal, de que la persona objeto de la consulta tome su propia decisión, a la luz de la información que le hemos proporcionado, y que él desconocía. El psícólogo pues, lo que dá son Recomendaciones, nunca Consejos.

Es obvio, que nadie puede totalmente asumir la responsabilidad de dar un consejo si no conoce plenamente la situación que se le presenta. La única persona con capacidad suficiente para decir "hago ésto" o "no lo hago", es la propia consultante. Ir a un consejero u orientador, implica, verdaderamente, que éste, a la luz de los conocimientos adquiridos, ya sea a través de sus estudios académicos o de la propia experiencia vital, sea capaz de hacer ver al que busca la consulta, todas aquellas posibilidades que por impericia, descuido, o falta de conocimientos no puede observar. Una vez que el orientador le presenta todas las opciones, el consultante seguramente, por sí mismo, deducirá, basándose en los profundos conocimientos de su propia experiencia de vida, que lo mejor o al menos lo más probable para obtener el éxito esperado es seguir la posibilidad que le presentó, entre varias, el orientador, psicólogo u orientador.

Indudablemente que para dar una Recomendación adecuada, no es totalmente necesario que se posea un título académico, ya sea de psicólogo, sacerdote u orientador, lo básico es que el que orienta esté plenamente consciente de lo que está haciendo y por el recurso que haya sido, se sienta capaz, verdaderamente de dar tal orientación o recomendación.

Es obvio, que la persona idónea para tal tipo de trabajo orientador es el profesional de la Psicología, pues ésta es una carrera universitaria que exige al estudiante conocer de todos los temas habidos y por haber, sin distinción, además de ser capaz, por sí mismo, de darse cuenta de cuáles son sus posibles errores, sus defectos, y en general autoconocerse para poder autodominarse, pues si no lo puede hacer consigo mismo, menos estará en capacidad de recomendar a otros lo que es ajeno a su capacidad. Sin embargo, hay otras profesiones que también manejan la problemática del ser humano, tales como los orientadores educativos, los sacerdotes de cualquier religión, pero preferentemente de aquellas que exijan estudios, como la católica, obviando la parte religiosa que no tendría mucha relación con la orientación verdadera. Hay muchos médicos también capaces de orientar adecuadamente.

Si se nos hace difícil la obtención de un orientador de los descritos, recurramos a un familiar con amplia experiencia, a un amigo sincero de suficiente instrucción que le permita entender el problema, o en caso ya desesperado, a cualquier persona que ofrezca su opinión, pero que ante la duda de su veracidad debiéramos compararla con la de varias otras, y ver en cuáles coinciden, y que podrían tener más posibilidades de ser acertadas.

Tengamos en cuenta que la ayuda a la que nos referimos es en relación a temas muy personales, pues si se refieren a un problema determinado, que se salga del ámbito descrito, deberemos consultar a los especialistas. Ejemplos: problemas de salud, a los médicos; problemas legales, a los abogados, problemas de seguridad, a los policias; problemas religiosos, al sacerdote o monja letrada; problemas en una materia, al profesor de tal materia, etc., etc. Nunca vayamos a consultar algo a quien no sepa nada del asunto, pues lo que hará será confundirnos, por muy amigo que sea de nosotros.

## CONTRATOS

El contrato es una obligación que asumen dos personas, ya sea naturales o jurídicas de cumplir lo estipulado en el acuerdo aceptado por ambos, y que puede ser de muy diverso tipo, ya sea de efectos pecuniarios o morales.

Generalmente los contratos son elaborados por empresas, las cuales, a través de sus propios abogados, redactan documentos que en apariencia son inocuos para uno de los firmantes, y asume obligaciones importantes para el otro. Decimos en apariencia, porque muchas veces, ocurre todo lo contrario, que la empresa no asume responsa- bilidades y el pobre incauto que no entiende de cláusulas legales, ni tiene buena vista para leer letra muy pequeñita, o se confía en la supuesta buena fé del otro, cae en las redes del vampiro con ansia de sangre monetaria.

Debemos leer muy bien lo que firmamos, y jamás estampar nuestra escritura en un papel en blanco, aunque no sea la firma, pues puede ser considerada como tal, y tener que aceptar lo que escribieron malintencionadamente después. Re- cuerden que la firma de una persona no nece- sariamente es su nombre estampado al pié del papel, sino cualquier cosa que haya sido hecha por nuestra mano, y que a la hora de un estudio grafotécnico determine que su ritmo, intensidad, presión, direccionalidad, y otras tantas cosas que se analizan, han sido realizadas por nuestro puño y letra. Recuerden que los que no saben escribir, colocan una X o una cruz, y eso se toma como la firma.

Los contratos deben ser firmados por ambas partes frente a frente, no eso de que "déjemelo que lo firme el jefe cuando venga", pues de pronto, el que firmó, es un obrero del que nunca sabremos su existencia, y en caso de problema jurídico pueden decir que nunca firmaron tal cosa. Eso es importante en el caso de las letras de cambio, pagarés, y otros documentos de obligación de pago al ser presentados, pues bien pudiera usted haber entregado una mercancía a cobrar por giros o letras, y al intentar el cobro le dicen que yo no compré nada.

Actualmente existe una tendencia a que las grandes empresas, aprovechándose de la necesidad de alguien de obtener un préstamo, un arrendamiento, o cualquier otra forma legal de detentar la posesión o la propiedad de algo, le hacen firmar largos contratos que usted en el apresuramiento de la firma no puede leer, y que mucho después, cuando surja el hecho de usura que usted no había previsto, no tiene más recurso que aceptar pues le dicen que usted firmó el contrato después de presentárselo para su lectura.

Aún a riesgo de retardar la firma de algo que usted piensa que le interesa, tómese el tiempo suficiente para leer el tal escrito, y si usted no sabe nada de leyes, ni de interpretación de ese tipo de normas, acuda a la ayuda de quien sí conozca de tal cosa, siendo acompañado por un abogado o por un amigo leguleyo, y en todo caso, si ésto no es posible, lléveselo a la casa y léalo con calma, dejando para mañana la firma. Recuerde que a veces firmamos nuestra propia sentencia de muerte sin darnos cuenta.

## CONTRATOS PRE-MATRIMONIALES

Cuando exista la posibilidad de que un matrimonio, de los muchos que se realizan en la actualidad, no se realice totalmente por cariño, sino que pueden prelar otros intereses, como los monetarios, que son los más frecuentes, se utiliza el formalismo de elaborar un contrato denominado "Capitulaciones Matrimoniales", en el cual cada uno de los cónyuges declara cuales son su bienes obtenidos antes de la unión matrimonial, para en el caso de que haya una disolución temprana, ninguno de los dos se pueda aprovechar de los bienes de su pareja, no obtenidos durante el matrimonio. Este contrato tiene alguna normativa que no viene al caso explicar, sino en el momento en que vaya a ser preparado para su firma, de acuerdo con las características propias de cada firmante.

Nuestro interés, al colocarlo en este manual de orientaciones para la juventud, es impedir, que tanto un muchacho inocente, como una jovencita indefensa, caigan en las redes de un novio o novia de oficio, con la intención de enriquecerse propiamente al tener que recibir de su víctima la mitad de lo que nunca ganó.

Aquí es que precisamente surge un problema serio, cuando pensamos que una pareja, supuestamente enamorada, en ese momento febril nunca piensa en los bienes del otro, y si acaso, alguna de las partes lo solicitara dá la impresión de que no existe el verdadero amor, pues antes de casarse ya se está pensando en el divorcio y en la separación de los bienes.

Nuestra experiencia como abogado y psicólogo, obviamente, es que como letrado, recomendar elaborar un contrato que garantice plenamente cualquier acto indebido que provoque una pérdida patrimonial, y psicológicamente decirles, que si la pareja de verdad está enamorada, aunque le pidan tal documento, de todas formas lo aceptará. Así es que amigos míos, si ustedes se casan con alguien que al menos tenga un carrito de hace diez años, firmen Capitulaciones Matrimoniales, por si acaso.

## CREDULIDAD

Una de las cosas de las que hay que cuidarse más es de creer □lo que le parece a uno que es, o que los demás le preparan para que uno crea que es. Las apariencias engañan, y no hay nada más cierto. Actualmente, el ser humano, debido al afán de competencia □en todos los campos, ya sea en el económico, en el afectivo o en cualquier otro, ha desarrollado en forma elevada en muchos casos, la habilidad de hacer creer a otros lo que no es. Tan sofisticada □es esa habilidad, que algunas veces podemos ver algo que no está □ocurriendo verdaderamente. Para ayudar un poco al joven inexperto, he aquí algunas reglas que pueden servir de guía:

A.- Cuando en apariencia hayas visto, oído o te hayan informado de algo que amerite que tomes una decisión inmediata, no te apresures demasia-do en la respuesta. Trata de averiguar por otros medios la veracidad de lo que crees saber. Por ejemplo: un amigo,□íntimo, de toda tu confianza, te dice que tu novia o tu esposa te engaña con otro. La reacción inmediata se basa en:

1).- La información te llega de una fuente confiable.

2).- Aparentemente quien te lo dice no tiene motivos para engañarte.

3).- A lo mejor ya estás predispuesto a creerlo por otras supuestas informaciones anterio-res, ya sea de la misma persona o de otras.

Seguramente tu respuesta inconsciente se-ría abandonar a la novia o esposa, discutir gráve-mente con ella, o en casos extremos hacer algo irremediable. Analicemos la situación:

a).- ¿Estás cien por ciento seguro de que la persona que te dió la información no ha cambiado de forma de pensar?. ¨No piensas que podría haber surgido algo nuevo, inesperado, que tú desconoces, que le pueda impulsar a hacerte creer algo diferente a la realidad?. Ese amigo o fuente de información puede haberte sido fiel en el pasado, pero eso no asegura de por vida que esa persona no pueda cambiar de forma de pensar. Piensa, que igualmente, ese sujeto que te infor-mó, puede haber sido informada erróneamente por otra más indolente, menos seria o más interesada, y ser simplemente víctima de una cadena de malin-formaciones.

b).- Crees que no hay ningún interés en hacerte saber lo contrario de la realidad. Pero, quien te dá la información, aún suponiendo que no tenga tal interés personal, bien pudiera estar influenciada por otra tercera o cuarta persona que si lo tenga. Debes saber que el ser humano es de tendencia voluble tanto en sus actos como en sus pensamientos, y que las personas cambian de personalidad cada tantos años, ¿por qué, este individuo informante no podría estar pasando por una crisis de esas?. El arte de engañar con la palabra está muy desarrollado y en algunas perso-nas adquiere caracteres excepcionales.

c).- Si te basas en anteriores informaciones, bien pudiera ser que éstas hayan tenido la misma poca seriedad de la que recibes en este momen-to. Estar predispuesto, creer que algo está ocu-rriendo o va a pasar, te puede hacer creer en co-sas que no existen verdaderamente.

d).- Obviamente, que todos los casos no son iguales, pero ateniéndonos a un caso general como el de este ejemplo. ¿No crees que sería más sano averiguar personalmente la veraci-dad del hecho, y no por lo que puedas ver, sino ir al fondo de lo que □bien pudieras estar viendo o llegar a ver?. Lo mejor es hablar personalmente con la novia o esposa, pausadamente, sin emoti-vidades, preguntar que hay de cierto o de falso en lo que crees, (obviamente no tienes que decir la fuente de información, si así te lo han pedido); analizar conjuntamente las razones que pudieran haberla llevado a realizar el hecho, si es que en efecto la información es cierta. Bien pudiera ser algo meramente ocasional, sin raices profundas, que se podría resolver mediante un compromiso de parte. En fín, las posibilidades son infinitas. Aún siendo cierta la información, bien pudiera no tener la importancia que se le ha atribuído.

e).- No se peca de exagerados si decimos que aunque se observe personalmente un hecho, con nuestra vista, lo oigamos con nuestros oídos, o lo palpemos con nuestras manos, eso no nos garantiza que el fondo del asunto sea el que parece a simple vista. Sólo cuando las pruebas sean demasiado contundentes podremos estar casi seguros de algo, pues nunca obtendremos el cien por ciento de seguridad, ya que tal cosa no existe. Aún así, tal □vez podremos buscar solución al problema sin causar o causarnos daño excesivo.

f).- Una forma de entender lo que en un caso excepcional, (que si los hay), pueda ocurrir, es imaginar lo más complicado y confundido que podamos idear, en un caso inventado para nosotros mismos. Todo lo novelesco que imaginemos, todo lo insensato que desarrollemos en nuestra mente, por muy extraño y raro que parezca su ocurrencia, puede ocurrir en efecto. La vida está llena de casualidades tan poco probables que asombra su ocurrencia, (tema □del cual hablaremos en el capítulo correspondiente), y que si tristemente, nos ocurre en una oportunidad, el no creer que está pasando verdaderamente nos puede llenar de dolor por las consecuencias de una decisión apresurada.

B).-Si has llegado a la conclusión de que algo es cierto... analiza si el hecho es verdaderamente perjudicial para tí, o resulta que en realidad te beneficia, incluyendo, desde luego, los casos en que no tiene incidencia en tu vida. Ejemplo: Supongamos que te informan que te han robado un vehículo. Al principio no lo crees, pues es tu objeto predilecto. Cuando al fín llegas a la conclusión de que es cierto, te llena de congoja, como si hubieras perdido a un ser querido. Si no eres una persona de recursos económicos para comprarte otro, crees percibir un grave problema patrimonial, tendrás que caminar o ir en transporte □público, perderás la comodidad de ir en tu propio vehículo. En □base a lo dicho ante-riormente, vayamos un poquito más allá:

1).- El automóvil se la pasaba descompuesto, accidentándose en el □lugar más inapropiado, a tal punto, que algunas veces has estado a punto de ser asaltado durante la avería.

2).-Las reparaciones suelen ser tan costosas que supera con creces lo que pudieras gastar en transporte público.

3).- La comodidad de ir en tu propio vehículo te hace dar peligrosas "colitas", estar acompañado de "amigos" poco escrupulosos, perderte de tu hogar hasta altas horas de la madrugada, deteriorar la relación con tus familiares, etc. etc. etc.

En definitiva: el hurto de tu vehículo te ha facilitado desprenderte de él voluntariamente, cosa de la que no eras capaz, con las siguientes ventajas:

a) Has reducido el riesgo de robo y asalto en tu persona.

b) Gastas menos en ☐transporte que en tu automóvil, lo que te permite usar ese dinero para otras cosas de las que antes carecías.

3) Estás más tiempo con tu familia, pues no tener automóvil te obliga a quedarte en☐casa.

¡Cuántas ventajas adquiridas, a costa de la pérdida de un trasto viejo, casi inservible, que inconscientemente te dominaba!.

C). La credulidad es inversamente proporcional a la inteligencia del creyente. A mayor capacidad de raciocinio, de análisis, creeremos en forma más selectiva la supuesta información que nos llegue.

DEMANDAS JUDICIALES :

Introducir una demanda, atender los reque-rimientos de la misma tales como demostrar mediante pruebas lo que aduces, esperar el desarrollo de los procedimientos, y tantas otras cosas, generalmente significa que vas a gastar más de lo que vas a recibir si la ganas. Lo mejor es prevenirse para no tener que recurrir a los Tribunales en solicitud de justicia. Claro está, estamos hablando de aquellas personas no pudientes que no pueden movilizar grandes recursos usando importantes consorcios de abogados que los defiendan. Por ello te recomendamos, si vas a realizar la compra de un inmueble o de un vehículo, a crédito, no te fíes de las promesas verbales del vendedor, ni tampoco de las escritas, que se prestan a interpretaciones de todo tipo que pueden serte contrarias en caso de juicio. Lo ideal es comprar al contado, tratar de ahorrar poco a poco esforzándote antes de comprar, pues te va a costar casi siempre mucho menos de la mitad de lo que pagarás a crédito, salvo que sea con tasas fijas, que no varíen con el tiempo, y que entonces te permitirá en el futuro cancelar con un dinero ya desvalorizado por la inflación, produciéndote un beneficio.

Hay mucha diversidad en cuanto al comportamiento judicial de los diferentes paises. Existen algunos donde la ley se trata de hacer cumplir cabalmente, aunque ello significa abiertamente una injusticia. En esos sitios no se dan cuenta de que la ley se ha hecho en beneficio de todas las partes, y que debe prelar la ecuanimidad. No es lo mismo que una persona hambrienta, sin trabajo, que se le acaba de morir un hijo, por ejemplo, vaya a un negocio de comida y con una pistola de juguete se lleve una bolsa llena de comida esencial, que si un pavito de la alta sociedad, de esos que usan lentes oscuros y motocicleta a lo nazi, entra en esa misma tienda, y con una pistola de verdad se lleva la misma bolsa, pero llena de dulces y mermeladas. Ambas bolsas tienen una mercancía equivalente a 50 dólares, por decir algo, y el llevarse esa cantidad indebidamente tienen una pena de dos años, también como ejemplo. La ley castiga a los dos por igual, cuando la equidad y la verdadera justicia sería tomando en cuenta quién es cada quien, y por qué realizó el robo, condenar a cada uno a penas diferentes, que no tengan nada que ver con la cantidad robada. El primero, apenas ameritaría una sanción de ponerle a barrer las calles una semana y pagarle el sueldo de su trabajo, para que pueda comprarla con el producto de su trabajo a la siguiente, mientras que al de la moto con anteojos y pistola verdadera, le deberían dar unos diez años como mínimo.

Hay otros paises, donde la ley no se aplica por igual a todos, pero al contrario de lo que hemos recomendado en el caso anterior, ésto se hace a través de la entrega de dinero para favorecer tal o cual caso. El vencedor será el que haya aportado mayor cantidad de dinero entre escribientes, alguacil, secretario, juez, defensor y fiscal. En esos lugares la palabra Justicia existe solamente de nombre, pues lo que funciona es la Corruptela. Y lamentablemente, ese tipo de Justicia es la que más abunda. En realidad una justicia intermedia de ambos casos, no existe, y si acaso la hay en algún lugar, ojalá nos enteráramos para poder vivir un poquito más felices.

DORMIR

Dormir es fundamental para nuestra salud. Aunque hay algunas diferencias de unas a otras personas, por término medio se recomienda dormir ocho horas diarias. Hé aquí algunas pequeñas recomendaciones que pueden serle útiles:

a) Trate de dormir siempre a las mismas horas, en el mismo lugar, y en el mismo mueble.

b) La habitación donde duerma no puede estar herméticamente cerrada, pues debe tener una comunicación de aire con el medio ambiente, ya sea a través de una ventana, una puerta, un ventilador o un aire acondicionado.

c) No debe estar cerca de líneas o bombonas de gas, próximo a circuitos eléctricos de control, o en lugares donde por un descuido nocturno se pueda tocar una llave y provocar un incendio o una emanación de gas mortífero.

d) Si vive en un piso, y las ventanas no tienen rejas protectoras, siendo muy bajos sus bordes, podría causar un accidente si usted adormilado, se levantara durante la noche, y equivocando el camino, tal vez sin haber prendido la luz para alumbrarse, llegara a esa ventana y se cayera. No es recomendable dormir en lugares peligrosos, sin embargo, la mayoría de las veces puede solucionarse el problema haciendo algunos cambios diversos, dependiendo del lugar donde viva y de sus recursos monetarios.

e) Es obvio que muchas de estas precauciones son difíciles de cumplir en algunos casos especiales, como por ejemplo cuando la persona, por razones de trabajo, debe pernoctar en un edificio en construcción o en cualquier otro lugar carente de protección adecuada. En esos casos deben seguirse los consejos de los manuales de seguridad industrial que deben estar disponibles para usted por su patrono o institución.

f) Antes de dormir no es conveniente ingerir cuantiosa alimentación. Lo ideal es dejar un espacio de tiempo suficiente para hacer la digestión en forma adecuada, y después irse a dormir. Si a pesar de haber comido, usted necesita acostarse, cuide de no recibir durante el sueño corrientes de aire que puedan alterar su estado de salud, como por ejemplo: interrumpir su proceso de digestión, o resfriarse.

g) Si usted necesita dormirse temprano y se pone a pensar en las cosas del día, seguramente no podrá dormirse, y le darán altas horas de la madrugada hasta que el cansancio lo domine y se duerma, amaneciendo sin ganas de realizar actividad alguna. Si tiene problemas para dormir, no piense en nada. Puede que haya algo importante que le preocupa y no se lo puede quitar de la imaginación, entonces tome una libreta y un lápiz y escriba una línea, por ejemplo: "Mañana tengo que hablar con mi jefe para que resuelva de una vez si me va a cambiar de puesto de trabajo". Si usted hace eso, el problema quedará momentáneamente en el cuaderno y usted podrá, seguramente, dormir con mayor facilidad.

h) Tomar pastillas para dormir no se lo recomendamos ni a nuestro peor enemigo. Usted caerá en el mundo de la droga en forma de pastillas para dormir, que al cabo de un tiempo no funcionarán y deberá duplicar la dosis, y más adelante triplicarla, hasta que algún día, tarde o temprano, tendremos que irle a visitar al manico-mio o a un centro de tratamiento de drogadictos.

Aunque no es frecuente que ocurran casos como los siguientes, siempre hay que tomar pre-cauciones porque a veces pasan:

a) Nunca duerma herméticamente cerrado en un vehículo encendido, pues podría ocurrir que el tubo de escape se comunique con algún hueco en el piso de la carrocería, y usted quedaría asfixiado, sin darse cuenta, ya que este tipo de gases, debilitan al envenenado, le quitan la movilidad, y aunque llegara a darse cuenta de la situación, no sería capaz de bajar un vidrio o abrir una puerta, muriendo asfixiado indefectiblemente.

b) Dormirse en la bañera, llena de agua, podría ocasionar que usted durante el sueño, se golpeara, y al perder el conocimiento se ahogara.

c) Si tiene una herida sangrante, o está expulsándola por la nariz, cosa que puede ocurrir con cierta frecuencia, no duerma hasta que se le detenga la hemorragia, o haya colocado gasas en la herida, pues la persona que pierde sangre continuamente, si sin darse cuenta pierde la sufciente para morir, estando dormido no tendrá conciencia de lo que le está ocurriendo.

d) Quedarse dormido cerca de artefactos eléctricos que estén encendidos o que carezcan de la protección suficiente en su cableado para evitar contacto eléctrico, pueden provocar su electrocución.

e) Dormir en lugres desconocidos no es recomendable, salvo que sea un hotel serio o una casa respetable. Hacerlo con amigos o amigas de aventuras ocasionales, podría significar que durante el sueño le hagan algún daño personal, o le roben sus pertenencias. Ésto es recomendable tanto para damas como para caballeros, pero especialmente a las damas, que pudieran ser drogadas con las consiguientes posibilidades que pueden ustedes deducir.

f) No se duerma en una barca que se desplace en el agua, pues durante el sueño pudiera ocurrir un percance que haga que pierda la vida. Ésto podrá hacerlo únicamente si va acompañado de otras personas que están en vigilia.

ELECCION DE PROFESION

La adecuada selección de una profesión o de un trabajo, representa en la gran mayoría de los casos la diferencia entre el triunfo y el desastre. Los jóvenes, principalmente, deben meditar profundamente sobre cual va a ser la carrera u oficio que deberán desarrollar para poder sentirse bien con su trabajo y al mismo tiempo alcanzar algunos éxitos.

Muchas veces, ya desde la más tierna infancia, parece que la persona tuviera una predilección por algún trabajo en particular. Esto, indudablemente tiene su importancia en el momento de hacer □la selección definitiva, pero no es el único dato que debe manejarse. Otras veces, el hecho de que alguno de los padres, hermanos, algún otro familiar o amigo, tengan determina-da profesión, hace que se sienta una tendencia a seguir la misma ruta.

Otras veces, algún triunfo ocasional hace que pensemos que esa será la vía definitiva que transitemos durante la vida. Otras veces, el consejo de algún familiar o amigo pueden llevarnos a decidirnos por tal o cual actividad.

No son pocas las veces, que la simple visión de una película, la escucha de algún discurso, o la lectura de un material, nos lleva a enrumbarnos en forma aparentemente definitiva.

Elegir una carrera no es realmente nada fácil. Es relativamente sencillo confundirse y hacer la elección equivocada.

Prácticamente, durante toda la historia de la humanidad se ha hecho la selección en base a alguna de las circunstancias antes anotadas. Hoy día, la moderna psicología tiene herramientas muy poderosas que permiten, con un alto grado de aciertos, orientar a la persona en la profesión que más le conviene. Para aquellos que puedan recurrir a ese tipo de profesionales, nuestra recomendación es: búsquese un buen psicólogo, y hágase el estudio.

Sin embargo, como este libro trata de dar soluciones más o menos directas, en el caso de que la persona que lo esté leyendo no quiera optar por la recomendación dada, ya sea porque no confía en la Psicología, o porque no conoce a ningún psicólogo que le inspire suficiente confianza, puede seguir las siguientes orientaciones:

1.- ¿Cuánto tiempo me falta para comenzar a trabajar?.

a).- Si la pregunta se la hace un niño de diez años, la recomendación, dado que supuestamente aún le faltan muchos años para ejercer una profesión, será simplemente: Termina tu primaria □y comienza a estudiar tu ciclo básico de secundaria; después, antes de iniciar la especialidad, podrás elegir con más seguridad. Sinembargo, a veces, un niño de diez años, se ve en la necesidad de decidirse a tan temprana edad por la selección específica de un oficio o trabajo, dadas las especiales circunstancias de su entorno familiar. Es posible que su familia carezca de recursos económicos, y deba, a corto plazo, ayudar en su hogar a la manutención de la familia. Si este es el caso, el niño deberá buscar una persona adulta que lo guíe en la selección, y esta persona, a su vez, seguir nuestras recomendaciones generales.

b).- Si la pregunta ya indicada se la hace un muchacho de quince años, salvo que se encuentre en una emergencia de selección como el caso antes mencionado, podrá, ya, en forma incipiente y paulatina, comenzar a buscar la aproxima-ción hacia una carrera determinada. Si suponemos que el muchacho en cuestión está concluyen-do su tercer año de bachillerato o similar, le vendrá la duda entre elegir Ciencias, Humanidades o una especialidad técnica tal como electricidad, mecánica, etc. Sabemos que existen estudios, tales como los de las Escuelas Técnicas, en los cuales, un niño de once o doce años debe optar por seleccionar, a tan temprana edad, cual va a ser su profesión definitiva en la vida. Obviamente, no hay nada más absurdo. Las necesidades aparentes de la actual sociedad de consumo, de preparar personal en áreas específicas, no está correlacionado con el grado de madurez ☐psíquica de una persona a tan temprana edad. Prácticamente no se deja al sujeto hacer su selección, sino que es la sociedad, a través de sus instituciones la que hace tal elección, la cual, como es lógico asumir, carece de la suficiente profun-didad para asegurar la satisfacción del seleccio-nado. Sin embargo, a la edad ☐de quince años, aproximadamente, ya la persona puede elegir con bastante seguridad entre las grandes áreas de trabajo, tales como estudiar Ciencias, Humanidades o Escuela Técnica.

Estudiar Ciencias lo podrá llevar a posteriores estudios de Medicina, Física, Matemáti-cas, Biología y Química. Elegir Humanidades le abrirá posteriormente las puertas del Derecho, la Filosofía, las Letras, los Idiomas, el Arte. La elección de una especialidad técnica lo podrá llevar hacia los diferentes tipos de Ingeniería, y tecnologías de muy variadas disciplinas.

Obviamente, siempre quedarán carreras que por ser una mezcla de todo, no necesitan una selección tan temprana, y solamente requerirán acumular un grado de cultura general suficien-te para crear la base de un posterior estudio. Ejemplos: Psicología, Informática, Economía.

## ELECTRICIDAD

La electricidad, algo tan útil, sin la cual ya no sabríamos vivir, puede ser mortal si no tenemos ciertas precauciones, a saber: revisar los aparatos eléctricos, especialmente los lugares por donde se enchufan o agarran para su uso, observando si hay alguna parte pelada. La piel humana es un gran conductor eléctrico, especialmente si está húmeda. Al enchufar un televisor, como no sabemos si está prendido hay que evitar tocar parte del enchufe, pues el consumo del aparato se activaría atravesando nuestro cuerpo. Aquellos enseres domésticos más peligrosos son los que consumen mayor amperaje, es decir intensidad de corriente, como son las planchas, las cocinillas, los secadores de pelo, los secadores de ropa y los calentadores de agua. Hacer un contacto corporal con partes de esos equipos, puede ser mortal para nosotros, especialmente si estamos descalzos, o con humedad en pies o manos. Siempre que se pueda debe manejarse tales aparatos, en el momento de enchufarlos con los controles apagados, pues si están prendidos la descarga será mayor. Lo que mata es la intensidad de la corriente y no tanto el voltaje. Ejemplo: un televisor marca Philips de los años 50 tenía un voltaje de pantalla de 30.000 voltios, y si por descuido el técnico lo tocaba, saltaba una chispa de varios centímetros y chamuscaba la piel de la mano, pero no mataba. Si ese mismo voltaje llevado por una corriente de la calle de alta tensión te toca, seguro que quedas electrocutado, con todo el cuerpo quemado, porque esos cables están soportando la intensidad de corriente de toda una calle en uso de múltiples equipos, y al hacer contacto con ellos, toda esa corriente en uso atravesaría nuestro cuerpo. Si tienes niños pequeños, cuida que no metan objetos metálicos en los enchufes de las paredes, para evitar tal cosa hay unas tapas que se insertan y que son de fácil adquisición. Si vas a cambiar un bombillo, es mejor apagar la luz, pero si no queda otro remedio, al menos hay que procurar no tocar el casquillo en el momento de introducirlo. Usar zapatos de goma es recomendable pues así nos aislamos del piso el cual es equivalente a la fase de tierra que al unirse al positivo de la línea eléctrica produce el consumo y por ende la descarga eléctrica.

Nada más traicionero que la electricidad. Recuerde que no se vé por donde pasa, pero que si la toca podría hasta matarle. Asegúrese con un medidor de electricidad para conocer su existencia en un lugar determinado, o bien para saber la cuantía de su voltaje e intensidad. No se haga el valiente, pues puede costarle quedar inútil o muerto.

Viene al caso dar una pequeña recomendación adicional: Si usted observa que una persona está recibiendo una descarga eléctrica porque está haciendo contacto con una fuente de energía, no lo toque, pues usted también sería víctima de la electrocución. Para tratar de salvarla, si no sabe o no puede utilizar los interruptores del servicio eléctrico, debe tomar un fuerte impulso y empujar de un solo golpe a la persona en situación de tal trance, tomando en cuenta que al golpear a esa persona, ésta no deberá a su vez dirigirse a un lugar que también la dañe, como una ventana en un piso, o algo agudo que se le pueda clavar. Deberá ubicar una posición tal, que al desprenderse de la corriente por el impulso caiga en un lugar menos peligroso. Usted por su parte no puede quedar pegado en el momento del empujón, por lo que siempre representa un riesgo que tendrá que asumir para salvar al accidentado.

ELECTRODOMESTICOS.

Los ventiladores de mediana calidad tienen la tendencia a desgastar los bujes donde giran las aspas, produciendo a la larga que se tranquen las mismas. Para evitarlo deberá mantenerlo siempre lubricado. Esto, desde luego, antes de que se produzca la falla, pero si la tal falla se produce apague inmediatamente el aparato para evitar que se queme el inducido del motor. Los ventiladores que se hayan trancado en alguna oportunidad nunca deben dejarse sin vigilancia, pues segura-mente fallarán cuando usted menos lo espera, y al no haber quien lo apague seguramente se quemará.

Es frecuente que estando utilizando un equipo eléctrico que tenga componentes electrónicos en forma de tarjeta, tales como los de sonido, ventiladores, refrigeradoras, lavadoras, televisores, y tantos otros que ya usan chips, ocurra que en forma inusitada dejan de atender a las órdenes del control a distancia. En esos casos, lo ideal es desconectar el aparato de la fuente de energía, es decir, sacar el cable con enchufe de la pared o del lugar donde esté conectado, dejarlo sin corriente un minuto, y volverlo a conectar, seguramente, en la mayor parte de los casos, su aparato volverá a funcionar correctamente, salvo que de verdad se haya dañado algún componente. Recuerde que no es suficiente apagar el aparato, sino que hay que desconectar el cable de corriente. Esta acción desbloquea la tarjeta electrónica que seguramente quedó con algunas órdenes anteriores sin ejecutar correctamente y saturaron algún chip.

Las cornetas de los equipos de sonido que son sometidas a elevados volúmenes tienden a perder la elasticidad de sus membranas, y cuando ésto ocurre suenas roncas. No sobrepasar esos límites ayuda a su propio bolsillo al no tener que comprar otras, y a su pobrecito vecino a dormir tranquilamente después de un árduo día de trabajo.

ESTUDIO

Si eres estudiante necesitas conocer algunas reglas fundamentales para que el estudio te sea más productivo, a saber:

1).- Trata de buscar un lugar fijo para estudiar. Este lugar deberá ser silencioso, ventilado, cercano al material de apoyo y a la satisfacción de necesidades ocasionales, tales como ingerir algún alimento, asearse, usar el teléfono. También debe ser suficientemente iluminado, preferiblemente con luz del día, o con una buena lámpara durante la noche, procurando que la luz incida ligeramente por el lado izquierdo, arriba y detrás de tu cabeza.

2).- Si te sientes preocupado por alguna causa que te incómoda y no te deja concentrarte... escribe el o los problemas en una libreta que guardarás cerca de tí. Tomando en cuenta que la ansiedad se produce en parte por el temor a no hacer algo por olvido, colocarlo en un cuaderno da la sensación de que por estar escrito ya no se nos va a olvidar hacer tal cosa, y la mente, momentáneamente puede quedar liberada del compromiso.

3).- No aguantes el hambre o la sed, (salvo que sea obligado), pero tampoco te empaches. El estómago debe estar ligeramente satisfecho pero no pesado, y el paladar fresco.

4).- Por muy amante de la música que puedas ser, deséchala durante el estudio, el silencio es la mejor fórmula, solamente si hay ruidos externos que no logras eliminar ni alejarte de ellos podrás colocar una ligera música instrumental, ni cantada ni bailable, que no sea muy aguda ni demasiado ronca. Como ejemplo de ella puede ser un vals de Strauss, valses venezolanos de antaño, intermedios de zarzuela, jazz americano. Nunca uses música profunda y emotiva en exceso, pues no te dejará concentrarte, y mucho menos ruidosa o chillona, pues te sacará de onda. Como ejemplo de la demasiado emotiva una Sinfonía de Wag-ner o Tchaikowsky, y como ejemplo de la ruidosa y chillona, cualquier salsa, guaracha o porro. En realidad lo mejor para apagar los ruidos externos es colocar cercano un objeto que produzca un sonido constante, tal como un ventilador ruidoso o un aire acondicionado, refrigerador, etc.

5).- Cada cierto tiempo estírate, levántate y da unos pasos, pues el entumecimiento de la musculatura es perjudicial para el estudio. Generalmente puede hacerse cada media hora, con duración de cinco minutos, que aprovecharás para satisfacer algún deseo o necesidad momentánea, tales como beber algo, ir al baño, llamar por teléfono.

6).- Si tienes que trabajar con varias materias, altérnalas, ya que persistir en un tema se hace agobiante al pasar de las horas. Practica con ejercicios, todo lo más que puedas, el material que estás tratando de memorizar o de entender. Un ejercicio bien hecho vale como tres lecturas repetitivas igualmente bien hechas. Entre dos materias que te agraden estudia una que no lo□sea, y viceversa. Cada cuatro horas de trabajo intenso, tómate una hora de descanso, la cual puedes emplear haciendo algún trabajo de la casa o de la oficina, saliendo a dar un paseo, o yendo a almorzar, merendar o cenar.

7).- Trata de no alterar tu horario normal de sueño, ya que éste hay que respetarlo para mantener un adecuado equilibrio psíquico. Estudiar siempre a las mismas horas es lo más recomendable, aunque obviamente, en caso de urgencia puede serse un poco más permisivo, pero nunca llegar al exceso, especialmente si hay que presentar un examen, pues el cansancio redu-ciría el rendimiento.

8).- Jamás ingieras fármacos para estudiar. Ellos no te darán más inteligencia ni mejores resultados, ya que sólo sirven para extraer recursos energéticos en forma acelerada, dejándote después mucho peor que cuando empezaste. El estudio debe ser igual que el vivir, lo más natural posible.

9).- Procura tener para cada materia el mayor número de textos posibles, pero al menos que sean tres para cada una. Cuando en el texto básico y guía no entiendas un tema, léelo en los otros, seguramente se te aclarará la idea que no entiendes. Manejar varios textos de un tema te permite estar seguro de que lo que está en los tres es lo más importante y generalmente el resto será de orden secundario. Esto permite prepararse con más seguridad en lo que es fundamental de cada tema. Y recuerda, el libro es el único profesor que siempre estará a tu disposición tantas veces como lo necesites sin que te reproche o te ponga mala cara.

10).- Es costumbre muy actual, dado el uso exagerado de Internet para todo, que el estudiante, en vez de trabajar con los libros de texto, los cuales, en su gran mayoría, son producto de mucha experiencia, de análisis de todo tipo, y de enfrentamiento a numerosas críticas, antes de ser reeditado, prefiera sentarse delante de su computadora, (u ordenador, como lo llaman en Europa), y seguir al pié de la letra lo que le dicen las páginas que consulta.

Ésto es algo que puede utilizarse en forma ocasional, y como orientación hacia la búsqueda de fuentes más seguras, pero es importante tener en cuenta, que muchas de las cosas que se publican en Internet no son veraces, o aún habiendo sido publicadas con buenas intenciones, pueden adolecer de errores, a veces terribles, debido a la inexperiencia de la persona que la pública, o bien de la que la filtra. Sabemos que hay enciclopedias que se forman con los artículos que suben los mismos lectores, y realmente no hay ninguna garantía de que los revisadores del artículo se hayan tomado la molestia suficiente de averiguar si todo es cierto. Nosotros, personalmente, investigando sobre temas que consideramos dominar

bastante, hemos encontrado informaciones totalmente erróneas, que afortunadamente, detectamos
a tiempo para no causar males mayores a la
sociedad. Por lo tanto, es nuestra recomendación
que el Internet, en cualquiera de sus formas, se
utilice con mucha moderación, salvo que su
empleo se emplee para bajar textos que hayan sido
publicados por alguna editorial reconocida.

11).- Finalmente, ten en cuenta lo siguiente:
no es lo mismo □estudiar para un examen que
hacerlo por placer. En el primer caso es recomendable tener una guía del material que se va a
examinar, para no desviarse en el estudio, y al
menos conocer los temas de relevancia incluídos
en los pensa de estudios. En el segundo... □nunca
le pongas término a la investigación, un libro te
llevará a otro, y éste a varios más. El verdadero
estudioso o investigador jamás encontrará el fín
de su estudio o investigación, pues siempre quedarán dudas que tendrás que despejar por tí mismo o buscando más y más bibliografía. La segunda forma de estudiar es la verdaderamente importante para el progreso de la humanidad, pero lamentablemente tendrás que ceñirte a la primera, al
menos hasta que consigas un título académico,
pues si no lo haces así, la sociedad te hará
fracasar, castigándote inmisericordemente al ne-
garte el título que aspiras colgar en la pared de tu
despacho.

## EXTORSIONES

Una de las cosas que son utilizadas en forma frecuente por los expertos de la delincuencia, es extorsionar. Se extorsiona amenazando con divulgar pequeñas cosas, que hacen pensar al incauto que son grandes, o bien cosas importantes que les da más posibilidad de conseguir personas extorsionables.

También ocurre con mucha frecuencia que se trata de extorsionar con falsedades, pero que por temor a que la gente se las crea, si el individuo tiene algún recurso, acepta la tal extorsión a cambio del supuesto silencio.

Vamos a exponer algunos ejemplos, para que ustedes mismos deduzcan las conductas a seguir:

a) Un vendedor de inmuebles se vé obligado a llevar a sus clientes a ver lo que está vendiendo. Tal cliente puede ser un hombre, pero también una mujer. Si es mujer puede ocurrir que le preparan la siguiente trampa: Mientras está mostrándole la casa en venta, de pronto la mujer, empieza a gritar desaforadamente y se rompe el vestido en varias partes. Al momento penetran en el lugar dos sujetos que estaban acompañando a la damisela, y que estaban ocultos esperando el momento de intervenir. La extorsión tiene lugar acusando al vendedor de haber querido violar a la mujer, y para ello hay dos testigos que van a declarar la supuesta verdad, ante unas autoridades que generalmente le dan credibilidad a la mujer diga lo que diga, basándose en loas modernas leyes protectoras contra el machismo. El vendedor, aunque no tiene bienes de fortuna, posee algunos ahorrillos en su banco, que los delincuentes saben que tiene y en su defecto le exigen esos 50000 dólares o denunciarlo a la policia. Si el que va a ser extorsionado se deja asustar, perderá los ahorros de toda la vida, sin contar con que el que extorsiona una vez lo hace mil veces, es decir siempre, y esa será la primera pero a ella le seguirán muchas más. Una posibilidad de defensa es concertar una cita para entregarles el dinero, y ponerse de acuerdo con alguien que va a grabar la entrevista, en la cual se lleva la conversación en forma tal que expresen de palabra su finalidad. Con cualquier pretexto se posterga la entrega del dinero, y una vez con la grabación realizada por el colaborador, o bien denunciar a la policia el hecho, presentando pruebas, o simplemente extorsionando a tales delincuentes con el video que le hemos grabado y del cual tendremos múltiples copias. Obviamente, coo el hecho no se ha cometido realmente, aunque hayan sacado videos de la ropa rota de la mujer, no es suficiente prueba para afirmar que fué el vendedor quien se la rompió en un acto agresivo. El dicho dice que el que a hierro mata a hierro muere.

b) El chofer de un autobús escolar, del cual es dueño, y que constituye su pequeña empresa, tiene que hacer un recorrido recogiendo menores para llevar a la escuela, y como es lógico, empieza con uno solo, al recogerlo, y termina también con uno solo al entregarlo. En cualquiera de esas dos situaciones le pueden preparar una trampa: Basándose en que hoy día los niños ya no son tan inocentes como hace cien años, y que son capaces de fingir como unos auténticos artistas, y basándonos también en que muchos de estos gérmenes de la futura humanidad son psicópatas, al igual que gran parte de los actuales políticos y multimillonarios, un niño o niña, pues no viene al caso el sexo, pues actualmente las leyes protectoras de la infancia le dan credibilidad a unos y a otros, así sean unos grandes embusteros, ha sido aleccionado en su caso para que profiera gritos desesperados como si realmente fuera a ser violado, dichas grabaciones se hacen en uno de esos modernos teléfonos, que más que tales son auténticas cámaras de periodista. Cuando el chofer se encuentra solo con el niño(a), éste(a), de acuerdo con lo pautado clama a voz en cuello que le están forzando. Al momento, como siempre, aparecen los cómplices, que "casualmente" portan su teléfono celular y graban los supuestos sonidos de la gritería que ya ha sido preparada de antemano en la casa del supuesto agredido o agredida. El resultado es obvio: el pobre chofer deberá entregar su autobusito, siendo inocente, para no ir a parar a la cárcel por violador de menores, salvo que le salga un padrino que le pague un buen abogado y logre ponerle el detector de mentiras al muchachito o muchachita, de los cuales, hay algunos que son capaces de engañar hasta al mismo aparato, pues si un buen psicólogo, que conozca como funciona la mente, la producción de hormonas y su relación química eléctrica, es capaz de engañar a tales aparatos, científicamente, también lo podrá hacer uno de esos niños santitos modernos que se las saben todas.

c) Un sujeto valiéndose de su cámara, que es el arma ideal de la extorsión, hace un video de un inocente Don Juan que está enamorando a la esposa de un vecino. El sujeto que pudo captar la escena en forma cinematográfica le amenaza con decírselo al esposo de la fémina, y a ésta con decírselo también al mismo sujeto. Ese video, aunque digan que lo entregan, siempre tendrá copia, y por tanto seguirán siendo extorsionados toda la vida. Aquí entra la solución similar al primer caso: En colaboración con un amigo, grabar una conversación donde se promete entregar el dinero en tal fecha, y con tal prueba, igualmente, amenazar al extorsionador. Éste nunca llegará a proferir palabra, pues el delito de adulterio, salvo en ciertos paises salvajes de Asia y África, en donde se mata a las mujeres en nombre de Alí-Babá, en nuestros paises occidentales es más grave el delito de extorsión que el de adulterio.

Después de estos ejemplos se nos ocurren estas recomendaciones:

a) Si el delito es muy simple, es preferible asumir la responsabilidad, ante quien sea, que quedar a manos de una hiena extorsionista.

b) Si la acusación es falsa, convertirse en un futuro esclavo, siempre es peor que enfrentarse a la verdad, aunque las pruebas sean adulteradas.

c) Si la situación es grave, debemos tomar en cuenta que los delitos de extorsión, conjuntamente con los de secuestro, violación y homicidio, son los más graves que existen, y que aquellos sujetos que los cometen, ya sea dentro de uno u otro bando, deben correr el riesgo de un acto de justicia por parte del ofendido, pues la Justicia Universal es superior a todas las demás.

## FERROCARRILES

¿Algunas veces se han puesto a pensar de que cuando estamos en el andén de un metro subterráneo, o mirando un paisaje desde lo alto de un acantilado, puede haber personas que decepcionadas de la vida, estén en estado depresivo y deseen suicidarse, pero para ello necesitan vengarse de la sociedad que los ha llevado a tal situación?. Si no lo han pensado, sepan que si hay muchos casos de individuos que en estado de demencia, producto de sus problemas existenciales, decidieron abandonar las penurias eliminándose en forma física. Estos individuos, muchas veces, al lanzarse a los rieles del ferrocarril, o al vacío de la montaña, extienden los brazos a cada lado y se llevan al infierno a las dos personas que inocentemente están a su lado. Ésto ha ocurrido en todas las partes del mundo, está pasando, y en el futuro no podrá ser eliminado. No queda sino precaverse, y cuando estemos en lugares de ese tipo de peligro, donde haya muchas personas desconocidas, no nos acerquemos demasiado a los bordes, tanto del ferrocarril como de los acantilados.

## FIESTAS

Las fiestas, cuando son moderadas, en forma esporádica y en base a algo importante para uno mismo o para la comunidad, son dignas de encomio, pues nos hacen salir un poco de la rutina de todos los días, y eso contribuye a hacer la vida un poco mas activa y agradable.

Pero, cuando esas fiestas se convierten en algo para todos los días, en realidad se vuelven fastidiosas, monótonas, concluyendo con el triste hecho de que ya no nos causa ningún placer celebrarlas. Es notorio que todos los días del mundo es el Dia de algo o de alguien, y en forma exagerada debemos soportarlas, porque los demás, generalmente también lo hacen y no protestan.

La mayor parte de las fiestas modernas tienen un propósito eminentemente comercial. Han sido patrocinadas, y hasta creadas por grupos económicos interesados en recibir los productos de las ventas propias de esos días especiales, (¡claro está que de especiales no tienen nada, pues ocurren todos los días del año!).

Se justifica que celebremos nuestro cumpleaños, y el de algunos familiares próximos, y hasta que hagamos un pequeño o gran esfuerzo entregando algún regalo propio de tal festejo, pero si eso lo tenemos que cumplir con toda la familia, asi sean primos en cuarto grado, sobrinos, ahijados, vecinos, amigos, compadres, etc., etc. etc, sin contar con las otras fiestas populares, de Navidad, Año nuevo, Semana Santa, Carnaval, el Día del Escritor, del Abogado, del Psicólogo, del Ingeniero, del Profesor, del Maestro, del Carpintero, del Herrero, del Albañil, el Dia de la Mascota, del Gato, del Perrito, del Loro, etc. etc. etc., realmente nos volveríamos locos porque tendríamos que empeñar nuestro hogar y el monto del préstamo recibido por la hipoteca no nos bastaría para cancelar tal cúmulo de obsequios.

En criollo venezolano, no tenemos más remedio que recomendarle, que pese a lo que la gente piense "hagamos la vista gorda", y sólo le regalaremos a la esposa o esposo y a los hijos; los demás que se contenten con una tarjetita de felicitación.

Otro problema de alta gravedad es que antiguamente, cuando te invitaban a un bautizo, una boda o un cumpleaños, tú tenias plena libertad de obsequiar lo que buenamente podías. Actualmente no. Empezaron poniéndote una lista de cosas que comprar si era una boda, y ahora, ya ni éso, ¡te piden dinero!. ¿Que desfachatez!. Hacer una fiesta de celebración se ha convertido en un vil negocio.

Por otro lado, en una ¿fiesta que es lo que piensas obtener?. Si te nombran padrino, tienes que correr con los gastos, si eres madrina, con el velo, el vestido y los zapatos, sin pensar que ya para siempre el ser compadre o comadre te hace acreedor a todas las venturas o desgracias de la familia del ahijado o ahijada. Es bueno divertirse de vez en cuando, pero para hacer una fiesta no hay que gastar millonadas en banquetes, en tarjetería, en decoración y en tantas otras cursilerías que las pueden hacer los muy ricos, porque no saben qué hacer con tanto dinero expoliado de los míseros sueldos de sus empleados, ya sea de fábrica o domésticos.

En tu hogar, puedes divertirte con gran facilidad, haciendo pequeñas reuniones sorpresas, donde se baile, se coma algo y se dé algún pequeño obsequio a alguien que apreciamos. Estas reuniones, al final resultan más placenteras que tener que ponerse un fraz, o levita, para exagerar, y las damas su largo vestido a la usanza de las reinas de los siglos luisinos, presentándose en el palacio con las carrozas de autos con chofer tipo robot, y empezar a dar largas y fingidas sonrisas durante hora y media, para disfrutar de los chismorreos durante otra media hora de fiesta.

Seamos sensatos, si no te alcanza para comprarte el libro de estudio que te pidió el profesor, ¿Cómo vas a gastarte lo que tienes en el cochinillo de barro que es tu alcancía, para alquilar el traje, o hacerle regalo a quién siempre le va a parecer una miseria lo que regales, aunque para ello tengas que empeñar tu alma?.

## GUERRAS

Tradicionalmente, las guerras siempre han sido dirigidas por sujetos de características psicopáticas, que han sido capaces de convencer a las multitudes, para que éstas, convirtiéndose en muñecos, sin voluntad propia satisfacieran los deseos de ambición de gente sin ningún tipo de valores morales, éticos, y aunque parezca extraño, ni siquiera patrióticos. La Egolatría, casi siempre ha sido la reina de esa locura universal de matar y matar, para apoderarse de cosas que nunca le han servido prácticamente de nada. En esos aparentes gigantes de la Historia, la mayor parte de las veces, lo que hemos tenido es farsantes, embaucadores, traidores, farrulleros y sinvergüenzas, que al triunfar en sus desmanes psicóticos, pero en realidad profundamente psicopáticos, han llevado al mundo al caos, a la miseria y a la destrucción. Pueden haber sido líderes militares, civiles o religiosos, pero todos, en última instancia, lo que siempre han conseguido es satisfacer su Ego, sintiéndose superiores a los demás, cuando en realidad, la verdad verdadera, es que han sido en su gran mayoría, con muy honrosas excepciones, la basura de la sociedad encumbrada a los más altos niveles.

Lamentablemente, el pobre joven, que es enrolado por obligación, a servir en algún ejército destinado a matar, a asesinar al de alguna nación vecina, es la víctima más elocuente de la ambición de esos alienados mentales, de alta capacidad intelectual, pero carentes de sentimientos humanos, y que por tanto son la representación viva de los demonios de Dante en los Infiernos que ellos mismos crean para su placer y su libidinosa y sádica condición de bestias salvajes con forma de persona.

Vean actualmente las guerras absurdas inventadas por esos engendros del diablo, que matan a sus mujeres porque siguen el dictado hormonal de sus instintos humanos, y que asesinan a los de otras religiones para reinar en la prepotencia de su dios demoníaco, que no se diferencia mucho del que tienen otros credos. ¡Cuántas veces, en el pasado, hemos visto abismos de injusticia, de horror en la creación de las supuestas sacrosantas Cruzadas, o las Inquisiciones clericales, dominadas solamente por sádicos del sexo y de la sangre, que satisfacían sus bestiales placeres violando en los sótanos, y después quemando a inocentes mujeres, o destrozándolas a pedradas como hoy lo hacen las bestias orientales que asesinan tomando como pretexto a un Dios en el cual ni ellos mismos en verdad creen.

Nuestra única recomendación en estos casos, es huir a donde no exista tal cosa, y si no es posible, tratar de cumplir con la obligación que impone la bestia, pero sin caer en sentirla en el corazón.

## HERRAMIENTAS

Tener herramientas es fundamental a la hora de resolver una emergencia casera. El tipo de útiles en reserva depende de muchas variables. Si entre los habitantes hay profesionales de algún oficio, es obvio que éstas estarán de acuerdo con la capacidad de trabajo de cada quien. Sin embargo, aún en el caso de que no habite nadie capaz de realizar ninguna operación casera de emergencia, siempre podrá recurrirse a algún vecino o amigo cercano para ayudar en la crisis. Tener algunas herramientas puede ser importante, sobre todo en lugares donde no hay fácil acceso a los lugares de obtención de las mismas, o simplemente que el hecho ocurra en horas nocturnas o días feriados.

Vamos a indicar las que consideramos básicas y que deben existir en cualquier caso:

A) Herramientas de tipo general que valen para todo:

1.- Un martillo tamaño mediano

2.-Destornilladores de varios tamaños, de los tipos planos o de pala y de los de cruz. Preferiblemente tres tamaños de cada tipo: Grandes, medianos y pequeños.

3.-Una Lima plana tamaño mediano.

4.-Una lima redonda tamaño mediano

5.-Una tenaza.

6.-Un alicate plano

7.-Una llave de presión

8.-Una llave variable tipo inglesa, mediana

9.-Un cincel mediano.

10.-Un taladro eléctrico de 3/4 de pulgada con golpeador de concreto.

11.-Un juego de mechas o brocas de diferentes tamaños.

12.-Un medidor de corriente. Preferiblemente del tipo llamado Multitester, que sea capaz de medir voltajes y resistencias. En su defecto un destornillador con luz de contacto.

13.-Un medidor de continuidad simple, que está formado por una punta, un pequeño bombillo y una pila eléctrica, además de un cable con pinza.

14.-Un portador de seguetas de mecánico, que puede ser con un arco o con un sujetador.

15.-Un corta-alambres mediano.

16.-Una lija gruesa y otra delgada.

17.-Un rollo de teflón para juntas de cañerías.
18.-Un rollo de cinta adhesiva para cables eléctricos.

19.-Un rollo de papel adhesivo de una pulgada.

20.-Una brocha ancha, otra mediana, y algún pincel.

21.-Varios tipos de tornillos del tipo tirafondos. Estos son los más útiles para cualquier emergencia.

22.-Clavos de diversos tamaños. Tachuelas, y aquellas pequeñas cosas que veamos en ferretería de fácil adquisición.

23.-Algunos tornillos de varios tamaños, con arandelas planas, de presión y tuercas.

24,.Varios metros de cable eléctrico de dos hilos, tamaño mediano. La numeración varía de unos paises a otros, en Venezuela, los recomendables son los números diez y doce.

25.-Un rollo de alambre liso, de grosor mediano.

26.-Una llave grifa para tuberías.

De acuerdo con el tipo de tuberías del hogar, debe tener:

a).-Una llave de paso del diámetro de las tuberías del hogar. Generalmente son de media pulgada.

b).-Una llave con rosca para mangueras.

c).-Dos codos de cañería; una doble "T" y pequeños tubos con rosca de diversos tamaños, preferiblemente de pequeña longitud, que en caso de necesidad puedan empatarse mediante algunas uniones de tubos con rosca.

d).-Una junta universal, en la que se introducen los tubos por cada lado, sin necesidad de enroscar.

e).-Varios tapones de tubería con rosca, tanto del tipo de rosca externa como del de rosca interna.

Todo ésto fácilmente puede caber en una caja de herramientas, que debe de estar en un lugar de fácil acceso, en caso de necesidad, pero tampoco tan a la vista que las personas indolentes, que son incapaces de prevenir nada, se lo tomen prestado, o a un descuido se lo lleven.

Con las cosas especificadas se podrá resolver cualquier emergencia normal, pero obviamente cada persona debe analizar su caso particular y tener, además de lo indicado, lo que se pueda dañar intempestivamente en su casa: Bombillos, fusibles, etc. para lo cual cada quien debe saber a qué atenerse sin otro se lo diga.

Debe utilizar herramientas de buena calidad, pues las deficientes al final resultarán más costosas que las buenas. Igual cosa ocurre con los repuestos. Recuerde también que un repuesto o herramienta no es bueno o malo porque sea caro o barato, pues los comerciantes muchas veces engañan con sus productos. Debe cerciorarse con personas que conozcan de marcas de fábrica, y no preocuparse demasiado por el costo.

HOGAR
.

Antes de ponerse un zapato, asegúrese de que dentro de él no hay un objeto punzante, cortante o cualquier animal. Podría recibir una picada de culebra, escorpión o de otros tantos animales peligrosos, o también cortarse con un vidrio... por poner algunos ejemplos.

Cuando vaya a limpiarse los lentes, si es que los usa, no lo haga con un trapo o lienzo que contenga suciedades, pues podría arañar irreparablemente los cristales.

Si alguno de los aparatos electrodomésticos de su hogar, que contengan tarjetas electrónicas con chips se le ponen fuera de control, o no responden a los mandos de botones o del control remoto, ya sean un equipo de sonido, un ventilador, una lavadora, un refrigerador, etc., simplemente desconecte totalmente el flúido eléctrico, es decir, apague la entrada de corriente, que puede hacerse desconectando el cable desde el enchufe de la pared, y en la mayor parte de los casos el equipo funcionará correctamente, ya que de no hacerlo, lo más seguro es que se dañó algún componente y en ese caso tal vez requiera el servicio de un técnico. Ésto y algunas de las cosas que vienen ya las hemos dicho anteriormente, pero son tan importantes, que bien merecen repetición.

Igual cosa puede hacer con su computadora cuando empieza a hacer cosas raras. No se conforme con apagar el equipo con el botón de la misma computadora, sino que desenchufe el cable, y eso desbloqueará la información errada que ha quedado acumulada en la tarjeta correspondiente. También es aplicable a impresoras y también a los teléfonos móviles, en cuyo caso debe desconectar la batería unos segundos y volver a encenderlo. Recuerde que no es suficiente apagar con el botón, sino que en todos los casos hay que desconectar totalmente la corriente eléctrica.

Los niños, dada su inocencia, acostumbran meter en los orificios de los tomacorrientes cualquier cosa que caiga en su mano. Si lo hacen con un objeto metálico seguramente recibirán una descarga eléctrica, que de no tener alguna persona al lado pudiera ser mortal. Proteja esos hueiquitos con los plásticos especiales que venden en ferreterías para tapar tales orificios.

Nunca trate de averiguar que ocurre con un equipo eléctrico si está conectado, y mucho menos si usted tiene alguna parte del cuerpo húmeda, especialmente si está descalzo o tiene las manos recién lavadas.

A veces por descuido dejamos a medio cerrar las llaves de la cocina de gas, por tal cosa, y para prevenir cualquier accidente involuntario, durante la noche, o cuando sale de casa cierre la llave de la bombona o de la vía de entrada de la calle.

Nunca duerma con las ventanas totalmente cerradas, siempre hay que dejar una pequeña vía de salida en caso de que se produzca un escape de gas, lo mismo que debe hacerse con los vehículos cuando uno está dentro y sin darse cuenta se duerme. Puede haber un tubo de escape dañado y el piso corroído, y al penetrar el gas al vehículo asfixia al que se encuentre dentro. Recuerde que el asfixiado no se da cuenta de lo que pasa, y a veces cuando tal cosa ocurre, no es capaz de moverse para abrir una puerta o ventana y salvarse.

Algo similar pero ya no con gas, sino con alguna herida sangrante, durante la noche. Durante el sueño, podría producirse una hemorragia, y al perder toda la sangre fallecer, también sin darse cuenta. Si tiene alguna herida sangrante debe comprimirla con alguna gasa que la cierre y que impida tal tipo de accidentes, que aunque son raros, sí ocurren de cuando en cuando. Eso también es extensivo cuando sangramos por la nariz, debemos tener mucho cuidado de que se detenga tal sangramiento antes de dormir, pues podría ser fatal.

Aunque ésto es más frecuente en casas cercanas a los campos, y dificilmente en un apartamento de ciudad, es bueno tener en cuenta que puede entrar al dormitorio, o en general a donde pisamos descalzos durante la noche, algún tipo de animal peligroso tales como serpientes, escorpiones, cienpiés gigante,  o cualquier otro animal ponzoñoso, que al movernos a oscuras no veamos, y al pisarlo descuidadamente nos ataque, con las consecuencias que podemos deducir.

¡Cuántas veces nos habremos golpeado en lugares peligrosos, especialmente en la cabeza a la altura de las sienes, porque descuidadamente hemos dejado saliente algún objeto mal puesto o una puerta de ventana o vitrina a medio cerrar!. Debemos ser cuidadosos y no dejar que hagamos automáticamente ciertas cosas sin que las controlemos con nuestro consciente, además de que ese es un ejercicio excelente para ir previniendo daños de memoria que a lo largo de los años pueden desembocar en el terrible Alzheimer.

Si tiene pececitos en una pecera hogareña, recuerde que es imprescindible que le dé oxígeno al agua, a través de un motorcito que venden al efecto, pues de no hacerlo, poco a poco el agua se irá envenenando y sus pececitos se morirán. Tampoco mezcle peces demasiado agresivos pues matarán a los más débiles y se los comerán. Al comprar un animalito de esos debe consultar al vendedor, y preguntarle con qué otros peces puede mezclarlos.

Hay amigos y amigas de lo ajeno que cuando van a visitar a su vecino o vecina, basándose en la confianza que les dá la proximidad de habitación, se llevan entre las uñas alguna cosilla que pasa desapercibida, de momento, y que cuando se da cuenta el dueño o dueña de su desaparición, se le hace difícil saber quien pudo hacerlo.

La señora Fulanita pide permiso para tomar un vaso de agua, y recibe la respuesta,"entra y tómalo tú misma". A lo mejor encima del fregadero hay varios cubiertos, recién lavados que todavía no se colocaron en su cajita, y como son muy bellos, y no se dan cuenta de lo quehago... me llevo uno, ¡pues aquí lo tengo en mi bolsillo!.

Al día siguiente, viéndo solito el tenedor, si lo es, por ejemplo, pensamos que necesita una compañerita y nada mejor que conseguir la cucharita, en mi caso, me digo a mi mismo: "Caramba, si me llevé uno, por qué no puedo llevarme la parejita, así tengo cuchara y tenedor". Volvemos a entrar, y esta vez para disimular no pedimos un vaso de agua sino enjuagarnos las manos... y allí está el cubiertico de mis sueños. Lástima que no me pude llevar el cuchillo, para tener el cubierto completo, pero, bueno, a lo mejor mañana tengo la oportunidad.

Y así, porco a poco, disimuladamente, se van desapareciendo las pequeñas cosas, hasta que algún día ocurre con algo más grande, pero siempre habrá dudas, porque en la casa entran muchos vecinos, amigos y hasta familiares. Para evitar que tal cosa ocurra, o al menos reducir la desaparición al mínimo, podemos recomendar:

a) Sólo utilice las cosas que necesite, no porque tenga veinte cubiertos los va a tener todos en la misma caja y los va a sacar a la vez para tomar a lo mejor dos o tres.

b) Tome nota de todo lo que le desaparezca, especificando tamaño, forma, color y cantidad, la fecha de su desaparición y cualquier otro dato que le ayude a identificar el objeto si vuelve a verlo, por ejemplo: un pequeño descascarillado en el borde del asa de una taza de café.

c) De vez en cuando visite de sorpresa las amigas que la han visitado, y trate de ubicarse, con cualquier pretexto en los lugares que posiblemente puedan tener algún objeto de los que le han desaparecido. Aunque no todas las visitas son fructíferas, a veces dá el resultado.

d) Cuando descubra un objeto en una casa vecina, que sea de su propiedad, no se lo diga, simplemente póngale una trampa en su casa, dejando algo que usted sabe que le gustará y darle la oportunidad de que se lo tome, antes de salir, y habiendo observado que desapareció se le dice: " Carmencita, dáme ese plato para consomé, que sin darte cuenta te  llevas debajo de la falda". Es obvio que la persona quedará avergonzada, y si se niega y dice que no lo tiene, pues está bien, ¡que se lo lleve!, pero usted no debe volver a permitir su entrada en su hogar.

En el caso de las herramientas, de ser posible es bueno colocarle las iniciales de uno de sus dueños, para que si al pedirla prestada no la devuelven podamos ir a la casa del amigo, y cuando le diga que ese alicate no es suyo porque lo acaba de comprar, usted le muestra sus iniciales y le dice. "Pues se lo compraste a alguien que me lo robó".

## INTERNET

Las redes sociales se han vuelto algo muy necesario en la vida diaria, pero independientemente del uso que se les pueda dar, es importante hacer algunas advertencias a los jóvenes principalmente.

Actualmente, es muy fácil, en cualquier computadora que esté conectada a Internet, bajar películas pornográficas y láminas de igual índole, en las cuales se presentan todo tipo de aberraciones sexuales, que son introducidas por esos depravados comerciantes, para excitar la curiosidad de los insatisfechos sexuales y recibir el pago correspondiente por entrar a su página. Eso no tendría mucha importancia como un hobby ocasional que no causara dependencia, pero lo más grave del asunto, aunque ya la dependencia por sí misma es un hecho grave, es que la persona que ve tales láminas o videos, cree que el sexo realmente debe ser así, olvidando que ese acto tiene aspectos mucho más agradables que las porquerías que ya son constantes en todas esas páginas. Al perder el respeto a una acción humana tan importante como es la de relacionarse con una pareja, convivir con ella, y disfrutar lo bueno o malo que les depare la vida, pero conjuntamente y en situación de cariño sincero, ya le hicieron sentir que un simple beso no vale nada, si no está acompañado por esas asquerosidades que presentan y que produce contagios de enfermedades terribles, además de depravar al sujeto convirtiéndolo en una simple bestia salvaje sin respeto a su pareja.

Está bien que los jóvenes, ocasionalmente vean algo de ésto, pero teniendo plena conciencia de que tal cosa no es la natural del ser humano, sino algo idealizado por los prosenetas del sexo, que hacen cualquier barbaridad para complacer los deseos del que tiene tarjeta de crédito, y que ya de por sí se volvió sádico, sucio y depravado.

En algún otro lugar de esta obra, también hemos dicho que no es confiable cien por ciento todo lo que aparezca en internet, así como tampoco lo que digan la radio, la televisión y los periódicos. Lo que oigamos o leamos debe ser constatado con diferentes fuentes antes de hacer pleno uso de una información que pudiera estar errada. En internet puede ocurrir algo similar a lo que pasa cuando leemos lo que supuestamente le ha ocurrido a un vecino, y que precisamente nosotros lo sabemos al dedillo porque lo presenciamos. En la prensa a lo mejor si el señor está dando clases en su casa, le acusan en la prensa de ser un asaltante que intentaba violar a tales menores, y si su edad es de 60 años, a lo mejor dicen que tenía 30, y otras cosas por el estilo. ¡Claro está, que como casi todo lo que leemos no lo hemos presenciado personalmente nos lo creemos a piés juntillas.

INTUICION.

La intuición, es para muchos superstición, para otros una especie de sexto sentido; otros más piensan que no es nada importante, es decir que es una tontería. Algunos sin embargo, le asig-nan una importancia casi mágica, sobrenatural, y se dejan arrastrar por ella como por una droga.

Pero, ¿qué es en realidad la intuición?. Desde que nuestro □cerebro es capaz de captar, a través de los sentidos corporales, □los estímulos positivos y negativos del medio ambiente, empe-zamos □a almacenar en ciertas partes de nues-tro sistema nervioso la □información que nos va llegando. Esa información, con el transcurso del tiempo se va olvidando en mayor o menor grado. Puede desaparecer por completo de nues-tro consciente, o puede quedar □fijada permanen-temente. El olvido, para nuestra mente no significa destrucción de la información, lo cual sólo podría ocurrir □si parte de nuestro organismo fuera a su vez destruído, lo cual generalmente no ocurre. Esa información que nos llega desde que podemos utilizar nuestra mente, la cual comienza mucho antes del nacimiento y con cierta posterio-ridad a la concepción, jamás es borrada de nuestro sistema nervioso; se acumula segundo tras segundo, minuto tras minuto y hora tras hora, completando el ciclo de los días, los meses y los años en una forma realmente admirable, formando una especie de archivo oculto en lo más recóndito de nuestra mente.

La magia de la intuición radica precisamente en que funciona fuera de nuestro control, utilizando la información que poseemos □de todo lo que hemos vivido y que generalmente no podemos recordar porque ya está olvidado. Ante cualquier situación que se nos presenta, en la cual debemos tomar una decisión, nuestro cerebro, actuando como una poderosa computadora, procesa toda la información que tiene almacenada, relacionando en infinito número de combinaciones las experiencias vividas, analizando los resultados de cada una de ellas, y dándonos como producto una sensación de que debemos hacer tal cosa preferiblemente a otra. Tal información nos la presenta nuestra mente como producto de ese detallado, minucioso análisis que ha realizado, de todo lo que hemos vivido y de todo lo que podría pasar, optando por presentarnos la solución o soluciones más beneficiosas y menos riesgosas para nosotros. Obviamente aquí la solución del problema está dirigida, en última instancia por nuestro instinto de conservación, relacionado en una u otra forma con la preservación de la espe-cie a la que pertenecemos.

En definitiva, la intuición no es nada mágico ni supersticioso, simplemente es el resultado de un análisis matemático, realizado en la computadora de nuestra mente, que nos recomienda □lo que más nos beneficia, basándose en un complicado cálculo de probabilidades.

De acuerdo con ésto, lo más fácil para nosotros sería dejarnos llevar por lo que nos dice nuestra intuición. Eso es en parte verdadero, pero existen algunos riesgos importantes:

1).- La intuición se produce con la información más profundamente oculta, y nos dá la solución o soluciones que, tal como dijimos, matemáticamente nos es más recomendable, pero:

2).- Mucha información no es olvidada totalmente por nuestro consciente, sino que queda fijada en nuestro pensamiento en una forma muy superficial, es decir en el subconsciente, o más cerca todavía, permanentemente en el consciente. (Aunque no soy muy partidario de la división freudiana en inconsciente, subconsciente y consciente, la utilizo en este momento porque creo que es la más conocida por la población en general). La existencia de otros archivos, a diferente nivel, en nuestro cerebro, hace que el análisis se haga por varias vías simultáneas, produciendo interfedora inconsciente con el análisis no tan matemático del subconsciente, y el muchas veces poco racional del consciente. Resultado: la duda. Son tantas las posibles soluciones que: o no somos capaces de decidirnos por alguna, o simplemente tomamos a veces la más equivocada de todas.

Tomando en cuenta lo anteriormente especificado, debemos de ser muy cuidadosos en ser capaces de identificar con cierta exactitud la información que nos llega de lo más profundo, de aquella que es producto de circunstancias momentáneas, generalmente influenciadas por una elevada emotividad.

En definitiva, la intuición nos puede llevar, con bastantes posibilidades de acierto hacia lo que más nos conviene, salvo que ocurra algo imprevisto, no contemplado en nuestro archivo de experiencias, lo que obviamente produciría un resultado diferente □en mayor o menor grado con respecto a la solución propuesta, pero siempre y cuando seamos capaces de separar la verdadera intuición de una□simple torpe racionalización de nuestro consciente o subconsciente.

He aquí algunos datos para tratar de iden-tificar la verdadera intuición:

1).- Generalmente es la primera que llega.

2).- Ocurre mucho antes de que hayamos cavilado sobre el asunto.

3).- Se pierde con facilidad ante el influ-jo de nuestro análisis consciente.

4).- Mientras estudiamos el caso "racional-mente", parece que quisiera intervenir en la deci-sión.

□    5).- Cuando ya parece que hemos resuelto el caso, se aparece en nuestra mente haciéndonos dudar.

6).- Es muy frecuente que se presen-te durante el sueño ligero o cuando dejamos vagar nuestro pensamiento.

7).- Casi siempre se manifiesta como una única solución, salvo que haya dos o más exactamente iguales en los resultados. Recordemos que la intuición es el producto de un análisis matemático realizado por nuestra computadora biológica.

Una vez que estemos seguros de que nos llegó la solución intuitiva adecuada, mantengámosla permanentemente en nuestro pensamiento hasta tanto haya transcurrido totalmente la experiencia que la provocó, pero antes de tomar una determinación tengamos en cuenta lo siguiente:

1).- El camino medio es lo ideal para cualquier cosa de nuestra vida. Arriesgarse totalmente, o no hacer nada, son casi siempre inconvenientes.

2).La rapidez o la pereza pudieran funcio-nar por casualidad, pero el posible triunfo que pueda producir, por lo arriesgado ante la vida, no compensa probabilísticamente el abandono de ese camino medio, el cual es mucho más seguro y constante, aunque a veces pueda ser muy lento en apariencia.

3). Es recomendable seguir la intuición cuando no signifique un total desastre la no rea-lización de su pronóstico.

4).- No hacer absolutamente nada, a consecuencia de seguir los dictados de nuestra intuición, puede hacernos perder una oportunidad que tal vez no se presente otra vez en la vida.

5).- Debemos, por lo tanto, seguir la intuición con cierta moderación, sin confiarnos ciegamente a ella. Recordemos que la intuición trabaja con cálculo de probabilidades, que nos dá la media de ocurrencia de un resultado, pero jamás nos podrá asegurar cien por ciento el cumplimiento del resultado vaticinado.

## IMPORTANCIA

Debemos ser capaces de distinguir lo que es importante, de lo que no lo es.

a) Si puede afectar en alguna forma nuestras condiciones de vida, es importante.

b) Si no prestarle atención debidamente, o cometer un error en su clasificación puede ocasionar daños propios o ajenos, también es importante.

c) Podamos resolver el asunto, como si no lo podemos dilucidar, de todas maneras no le quitan la importancia a algo que verdaderamente la tenga. Si no lo podemos resolver nosotros mismos, pidamos opinión a expertos, pero nunca lo dejemos en el aire, "a ver que pasa".

No son de importancia aquellas cosas banales, caprichos del momento, cosas que de no hacerlas no cambian para nada nuestra vida.
Algunas cosas de importancia son:

a) Lo relacionado con el matrimonio y la familia.

b) Lo referente al cuidado y educación de los hijos.

c) Lo que se refiere a nuestras condiciones de trabajo.

d) Todo lo que pueda afectar nuestra salud y la de nuestros familiares cercanos.

e) Los compromisos económicos a largo plazo, los cuales deben ser muy bien estudiados.

## LIBROS

Todos, desde pequeños, estamos acostumbrados a leer libros. Libros en la Escuela, libros de cuentos para dormir, libros novelados o de aventuras para distraernos, y los que llegan más lejos... libros de ciencia y tecnología, de filosofía, de letras, etc., etc., etc., y todos hemos pensado que por estar en un libro es plenamente cierto lo que dicen, especialmente los de ciencia e historia. Pero, pensemos un poco: Los libros son escritos por personas, personas que pueden tener diferentes experiencias de vida o inclusive poseer diferentes bagajes instructivos. Hay muchas cosas que con el tiempo descubrimos que estaban erradas, pero si eres escritor las dirás antes que descubras tal error. Constantemente se descubren cosas novedosas que dan al traste con antiguos conocimientos, ya sea en genética, en geología, en física, etc. A veces, llegando a viejos, descubrimos que hemos estado toda una vida equivocados en algo. En conclusión, los libros nos sirven de orientación, de estímulo, pero no debemos creer ciegamente lo que dicen sin al menos ponernos en el lugar del escritor y ver donde pudo haber errores. En la Historia se han cometido muchas barbaridades, muchas injusticias. Héroes casi idolatrados que a lo mejor no fueron tales, y pobres diablos que fueron salvadores de multitudes, nunca recompensados. La historia se escribe por alguien que tiene su propia forma de entender el problema, pero a lo mejor, el que conoce mejor los hechos simplemente no es escritor. Por lo tanto amigos, les recomiendo que no crean a pies juntillas todo lo que leen, ni en libros, ni en diarios o revistas, y lo que oyen en las emisoras, pues todo generalmente está parcializado y jamás sabremos la verdad verdadera.

## LIDERAZGO

Es propio de jóvenes, como también de los que se encuentran en otras etapas de la vida, sentir que los demás le respetan por su mayor conocimiento en alguna cosa. Ésto es algo muy encomiable, que dice mucho, y bien, de la persona que ansía tales liderazgos. Sin embargo, es importante que el líder tanga las siguientes cualidades:

a) Capacidad. Nadie podrá ser líder si no tiene la aptitud para manejar grupos o situaciones que implica relacionarse adecuadamente con otras personas o instituciones.

b) **Conocimiento.** Si se desea dirigir los comportamientos de otras personas, las cuales actuarán bajo su mandato u orientación, usted debe tener suficientes conocimientos en la materia sobre la cual va a liderar. Lo contrario sería algo así como si yo, escribiera este librito a los doce años de edad. ¿Verdad que no sería confiable nada de lo que les diga?.

c) **Honestidad.** Si tratamos de dirigir a otras personas, debemos de hacerlo con el noble sentimiento de lograr que tales individuos se encaminen adecuadamente en la función que se les ha encomendado, para su propio beneficio y para el del grupo en general. Hacerlo para nuestro propio beneficio, obviamente no le hará dejar de ser líder, pero si lo convierte en "líder negativo".

d) **Efectividad.** Un buen liderazgo se manifiesta por los buenos resultados que produce. Ser líder de nombre, o de buena intención, pero ser un fracaso, debe hacernos permitir que otra persona intente tener más éxito que nosotros. No debemos tomar tal actitud como tal fracaso, sino únicamente como un cambio de estrategia, en bien del grupo dirigido, y con éllo usted, a pesar de haberlos abandonado, está demostrando que sigue siendo buen líder.

**LLAVES.**

Nada más peligroso que perder las llaves, con ellas podrán desvalijar su casa, su negocio o su automóvil. Sea cuidadoso, no se arriesgue a dejarlas olvidadas o perderlas. Tome la costumbre de dejarlas siempre en el mismo lugar confiable para así evitar la pérdida por olvido. Si las lleva cuando va por la calle o cualquier otro lugar que no sea de su entorno cercano, no las ponga descuidadamente en bolsillos rotos, pequeños o muy visibles para otros. Preferiblemente use algún tipo de cadena o correa que impida su pérdida. Si por su descuido, o su mala suerte, las perdió... Cambié los cilindros inmediatamente antes de que sea demasiado tarde. Recuerde: Los ladrones acechan.

Son numerosas las veces que puede romperse una llave cuando en forma nerviosa tratamos de abrir una puerta en forma apurada. Recuerde que la llave es una lámina delicada que puede romperse con facilidad. Trate de detectar con tiempo pequeñas fisuras que harán más fácil la rotura y haga una copia en forma inmediata.

Siempre tenga suficientes copias de las llaves, pues en caso de perderlas o dañarlas se encontraría en una situación desesperada, obligado a descerrajar puertas y quien sabe cuantos disgustos le acarraría. Ejemplos: De su casa guarde un manojo, identificado, en un lugar seguro de su hogar o su trabajo, preferiblemente protegidos bajo cerradura. Deberá cuidar a su vez que esta llave esté en lugar seguro en caso de que tenga que abrir el lugar donde guarda las otras.

Tenga otro manojo de llaves en un lugar de confianza, tal como un familiar, un amigo íntimo, o cualquier persona o institución seria. En total debería haber por lo menos tres ejemplares de cada una, situados en lugares diferentes, a su elección. Las llaves de su vehículo también deben tener al menos tres ejemplares de cada, y si tiene alarma o cierre automático, piense en el problema que se le presentará si por descuido se cierran las puertas por si solas y usted ha dejado la llave de encendido dentro del automóvil. Para evitar tal situación acostúmbrese a llevar una copia plana de la llave que abre las puertas dentro de su billetera o monedero, lo que más de una vez seguramente le evitará tener que dejar su vehículo abandonado mientras va a buscar otra copia. Otra recomendación importante es que no vaya cargado a todas partes de manojos de llaves inmensos, pesados, salga a la calle sólo con las llaves básicas, tales como las de las puertas principales, y deje en lugar seguro las otras llaves en sitios que usted pueda encontrarlas después que abrió la puerta principal de su casa.

## LOTERIAS Y JUEGOS DE AZAR

Aunque sigo pensando que este título debería estar antes de la letra LL y no después, como la Academia de la Lengua nos ordeno eliminarla, y considerarla simplemente como dos L hermanitas gemelas, vamos a respetar esa decisión, pues dicen que el que sabe, sabe. ¿Por qué no habrán hecho lo mismo con la W, será porque es anglosajona, y ellos mandan más que nosotros?. Bueno pero hablemos de nuestro tema, y no divaguemos más, pues un escritor debe ser serio cien por cien.

El que juega a la lotería, en cualquiera de sus formas, o al póker, a los caballos, a las quinielas, y a tantas y tantas otras formas que los vivos han inventado para sacarnos los reales, en realidad son personas frustradas en la vida. Decimos frustradas, porque consideran que por sí solos son incapaces de superar su bienestar económico, y tienen que recurrir a ver si por si acaso de un solo golpe se hacen ricos.

Esto que decimos no va, desde luego, con aquellos que juegan con trampas, pues en realidad esa gente no son jugadores sino negociantes, delincuentes, estafadores. Estamos refiriéndonos al pobre incauto, que después de sudar frío toda una semana para ganarse su mísero sueldito, en vez de llevárselo a la esposa para que le compre leche a los niños, prefiere dejar todo su dinero en uno de esos antros de vicio, a sabiendas de que lo más seguro es que no le tocará nada, pues aunque se dan fuerzas a sí mismos, diciéndose que "esta vez si gano, porque soñé con el número 13", en el fondo saben que para que les toque una vez un premio grande, es preciso que jueguen toda su vida y a veces más de una.

Lamentablemente, hasta los gobiernos se hacen cómplices de dejar al pobre, limpio y hasta sin cabellos, pues en muchos paises hay loterías que son del Estado, y es el primero que hace un negoción con los pobres incautos. Amigo nuestro, sea sensato, si usted juega, es porque es un vicioso empedernido, a consecuencia de su frustración existencial. Hay otros que en su desesperación les dá por la bebida, otros por la droga, y muchos más por los lupanares. En el fondo todos padecen del mismo mal, son gente incompetente para llevar adelante por sí mismos una labor de vida que les haga progresar verdaderamente.

## MANEJO AUTOMOTOR

Si usted es una persona joven, seguramente tiene grandes deseos de manejar un vehículo, si todavía no lo ha hecho, y si ya tiene alguno para conducirlo, ya sea propio o prestado, sería bueno para usted que atendiera alguna de estas recomendaciones:

a) Si alguien conocido o desconocido le adelanta, manejando un vehículo más moderno que el suyo, no se deje influenciar por el deseo de demostrar que aunque su carro es más antiguo, tanto la máquina como el chofer son mejores que el que le ha adelantado. Hacer un "pique", además de ser muy peligroso, también es estúpido, puesto que usted no tiene necesidad de demostrar nada porque no está en una competencia deportiva. A lo mejor, si usted no le toma interés al asunto, se encuentra que el sujeto con un carro todopoderoso está accidentado un kilómetro más adelante porque le falló un inyector. Su carrito de carburador puede ser más rendidor que el mejor de los jets de propulsión a chorro.

b) Al manejar hay que desechar las posibles distracciones. Llevar una bella compañera de viaje que le muestra disimuladamente las piernas, puede ser fatal para ambos. Siempre vaya mirando hacia adelante, nunca pierda la visión del camino por donde viaja el vehículo. Si mira hacia los lados por precaución cuando va a cambiar de dirección o canal, véalo por lo retrovisores, y nunca volteando su cuello, pues pudiera ocurrir, que casualmente, en ese momento, algo inesperado produzca un desastre que usted hubiera podido evitar de estar atento al camino frontal.

c) Si sale de vacaciones, o por cualquier otra causa tiene usted que hacer un largo viaje que supere las dos horas de recorrido, debe hacer obligatoriamente paradas intermitentes para descansar, aunque solamente sea cinco minutos. Durante ese tiempo debe solventar cualquier necesidad fisiológica, tal como sed, deseos de evacuar, o cambiarse alguna prenda que le impida el buen manejo. Si le da sueño, ya sea por la monotonía del viaje, o porque usted se levantó demasiado temprano sin estar acostumbrado, lo recomendable es no seguir conduciendo hasta que consiga estar reposado y vigilante plenamente de sus actos. Si va acompañado, y esa persona está en mejores condiciones que usted, déjele el manejo del vehículo, ¡claro está que a sabiendas de que esa persona sabe manejar bien y tiene su respectiva licencia de conducir!. Jamás trate de resolver esa dificultad tomando pastillas o sustancias excitantes, como café o similares. La única forma de viajar seguro es descansar, reposar lo suficiente, y seguir el viaje.

d) Aunque esta recomendación la debe usted estar leyendo por todas partes, y es seguro que ya se la sabe de memoria, por si acaso se le olvida, recuerde que antes de viajar hay que revisar el agua del refrigerante; el buen estado de los neumáticos; si los frenos trabajan bien y tienen la suficiente liga adecuada; si funciona el limpiaparabrisas, pues si acaso lloviera tendría un serio problema, así como revisar el depósito del agua de limpiar; si los neumáticos tienen la presión correcta y si no hay alguno que ya esté soltando alambres; si las luces funcionan correctamente, pues viajar de noche descubriendo que no nos funcionan los faros es fatal; ponerse el cinturón de seguridad, tanto usted como los viajeros; no dejar equipaje suelto dentro del carro, pues en caso de accidente se convertirían en disparos de cañón; si lleva niños pequeños, debe usar una sillita para bebes, para evitar que en caso de accidente le remuerda la conciencia por la muerte de un inocente.

e) Si usted no tiene seguro de grúa que le pueda resolver quedar accidentado en carretera apartada, es bueno llevar algunas herramientas, que dependerán del vehículo, así como de algunos repuestos básicos. Le recomendamos consultar a un buen mecánico y llevar lo que ese buen señor le indique que le sería recomendable llevar en su maletero, o en el compartimiento dedicado al efecto, en caso de falla mecánica o eléctrica.

f) ¡Se me acaba de pinchar un neumático y el caucho de repuesto también está vacío!. ¿Cómo se me habrá podido olvidar revisarlo antes de salir?.

g) Una cajita con un botiquín de urgencias, que no necesariamente represente una farmacia entera, puede ayudarle en caso de algún pequeño o grave inconveniente en la salud de usted o sus pasajeros.

h) Salvo que usted se conozca el camino al dedillo, siempre es bueno llevar un mapa de carreteras actualizado.

i) Si usted no es delincuente, y tampoco está interesado en serlo, ni tampoco teme que una vieja novia encuentre su automóvil, mientras usted está disfrutando con otra nueva... no tendría porqué llevar sucias las placas de identificación, ni desactualizadas, pues éstas dicen mucho del conductor, o al menos del propietario del vehículo. Un carro con las placas ausentes, deterioradas o sucias, indica posiblemente que el dueño del carro está intentando ocultar algo, o simplemente que es un elemento nada cuidadoso, y por ende nada con-fiable.

j) Si durante el viaje se presenta una fuerte tormenta, con lluvias intensas, mejor es dejar de manejar y refugiarse en un lugar seguro, ya sea un hotel, restaurant, o cualquier casa que le acepte momentáneamente. Nunca deje su vehículo debajo de un árbol durante una tempestad, ni tampoco

133

cerca de ríos o riachuelos. Preferiblemente ubíquese en un lugar más alto que las corrientes de agua. Si la carretera tiene montañas a los lados, trate de cambiar de lugar, hacia un sitio que no las tenga, pues podría ocurrir un derrumbe y quedar usted tapiado.

k) No es recomendable manejar a altas velocidades, pues, además de que su vehículo sufre más desgaste por el esfuerzo mayor que se le impone, en caso de cualquier inconveniente en el camino se le hará más difícil controlar la situación yendo muy rápido que a velocidad reducida. Aunque en las autopistas de algunos paises permiten velocidades muy superiores a cien kilómetros por hora, en el nuestro, afortunadamente el límite máximo es de cien, aunque casi nadie les hace caso. ¡Claro está que hay algunos que desde el Cielo lanzan improperios a algún hueco en el camino, un hierro que le reventó el neumático o hasta a algún semáforo que se dañó, y que fueron la causa, según ellos de ir demasiado pronto a ese lugar sacrosanto!.

l) ¡Estaba atendiendo una llamada importante por mi celular, y me distraje y tengo diez huesos rotos!. ¿Amigo nuestro, usted no sabe que manejando un vehículo no se puede contestar un móvil o celular, y que lo correcto es detenerse lo antes posible en algún lugar seguro y ver quien nos llamó?

MATRIMONIO

El matrimonio es algo muy importante, que lamentablemente la juventud actual no valora adecuadamente. Casarse es un acto que en principio, debe durar toda la vida de los contrayentes. Actualmente se ha desvalorizado, a tal punto, que tanto por exceso, como por defecto, las uniones se realizan alocadamente.

Casarse significa crear un hogar, consecuentemente procrear hijos, si no hay inconvenientes biológicos que lo impidan, instalar un centro de unión adecuado, donde la pareja, fundadora de una nueva familia sea capaz de disfrutar el descanso después de sus labores cotidianas, observar y controlar el crecimiento de su prole, y procurar el adecuado sustento, vestimenta y educación de todos sus miembros. ¿cuánto adelanto social obtendríamos, si todos los gobiernos del mundo, al una pareja casarse le otorgara un hogar de su propiedad, inalienable, que no pudiera venderse ni embargarse durante el tiempo que viviera alguno de los cónyuges!. Esa sería la base de una nueva familia, la cual unida por lazos económicos, también finalmente lo harían a través de los lazos del cariño.

Hay muchos jóvenes que dicen "Me caso, y si no me va bien me divorcio". Eso es algo terrible, pues alguien que piense así no está capacitado para crear un nuevo hogar, en el cual habrá hijos, que al cumplirse el tal divorcio quedarían desamparados, total o parcialmente.

El que se casa debe hacerlo con el propósito de que perdure hasta su muerte. Para ello debe saber elegir una buena esposa o esposo. Los más importantes factores que contribuyen a la estabiilidad familiar son:

a) Ser capaces de producir a través del trabajo, los recursos para mantener a la nueva familia.

b) Olvidarse de las épocas de soltería, en las cuales se disfrutaba de compañías diversas, con fines muy ocasionales, y sin garantía sanitaria.

c) No creemos que sea importante la previa experiencia sexual de la pareja, haya sido ésta de uno un otro tipo, siempre que desde el momento del matrimonio se acepte la monogamia. Una persona casada, no puede procrear hijos fuera de su familia creada, ni arriesgar a su pareja a contraer enfermedades tan de moda actualmente.

d) El padre o madre de familia deben ser ejemplo para su prole, y también para las personas que les rodeen. La droga, el alcohol, el juego, la promiscuidad, son incompatibles con una buena familia.

e) Los momentos de descanso, de recreo, de todos sus miembros, deben ser en conjunto, como una unidad, y nunca hacerlo independientemente, pues eso al final significaría  tal descontrol que la familia se desintegraría.

f) No importa que alguno de los cónyuges tenga hijos procreados en otra unión desecha por cualquier motivo, siempre que los contrayentes sean capaces de mantener las obligaciones que asumieron con la anterior pareja, ya que los hijos son para siempre, y no mientras dure la unión esporádica u ocasional de satisfaciones sexuales libidinosas. La persona contrayente debe estar segura que ya no existen vínculos pasionales con el o la ex-pareja, pues constituiría adulterio, fatal para la estabilidad de un nuevo hogar.

Si desea saber si está o no enamorado de alguien puede leer el aparte Amor.

MECANICA.

Cuando tenga que trabajar debajo de su vehículo, no se confíe únicamente en el gato hidráulico que utilice, pues bien podría bajarse de pronto como consecuencia de una falla de la válvula o pérdida de fluido hidráulico. Debe colocar un objeto que en caso de ocurrir tal cosa, reciba el impacto del automóvil sin que llegue a golpear al trabajador. Podría usarse, como ejemplo: una rueda con caucho, suplementos fijos de metal, grandes tacos de madera. Todo ello colocado en forma firme y estable.

Los vehículos antiguos tenían aspas metálicas capaces de cortar una mano de un solo tajo, los modernos son menos peligrosos, pues son de plástico.

A veces las baterías, por cualquier exceso, pueden explotar, o lanzar por alguno de los orificios donde se deposita el agua los ácidos que contienen, por lo tanto, nunca ponga su cabeza encima de tales orificios.

Las partes de un vehículo siempre están sujetas a desgaste; la mayor parte de las veces nos advierten con un sonido extraño, por ejemplo: cierto sonido ronco puede significar una rolinera o rodamiento desgastado en una de las ruedas, lo cual no significaría mayor problema si vamos despacio, pero a alta velocidad, romperse esa pieza, en forma total, puede frenar una rueda completamente y provocar que la dirección se desplace al lado contrario, con el consiguiente accidente, que pudiera ser fatal.

Un simple caucho neumático que se explote a alta velocidad hará perder el control del vehículo, con un posible accidente, que si es en una auto-pista, pudiera provocar un caos.

Es cierto que no podemos ir siempre pen-sando en que va a ocurrir un accidente, pues ser fatalista no es recomendable, pero tampoco hay que ser descuidado, por lo tanto debemos revisar antes de salir por carretera el estado de las ruedas en general, los frenos y la dirección. Si es época lluviosa el limpia-parabrisas es básico, y si estamos en zona de invierno, portar las cadenas para la nieve y el hielo. Al tener que viajar de noche el uso de las luces debe ser correcto, y si es posible llevar un foco de repuesto, etc.

Hay algunas personas que al no ver un policia de tránsito no usan el cinturón de seguridad, cosa fatal si hay un choque a alta velocidad. ¿Y qué ocurre con el combustible?. Si no hay suficiente para llegar al destino, tal cosa pudiera causar quedar accidentado en lugares muy peligrosos.

## MEDICAMENTOS

La enfermedad nos viene en los momentos mas inesperados, pero cuando eso ocurre es importante que pongamos los medios adecuados para resolver la situación y poder proseguir con nuestras actividades consuetudinarias. En esos casos es imperativo que utilicemos algunos recursos de los conocidos y que han sido probados. Nunca intente algo del cual no conozca los resultados con plena seguridad, pues ser conejillo de indias no es muy recomendable.

A veces el consejo de algún amigo o familiar, que estuvo en situaciones semejantes puede ser útil, pero siempre debemos tener en cuenta que no todas las personas tenemos reacciones similares a iguales situaciones, por lo que siempre existe algún riesgo mas o menos importante. Unas hierbas, unos polvos conocidos, algún ungüento o poción pudiera resolver su problema, pero es recomendable que antes de cualquier solución de este tipo lo hagamos utilizando los medicamentos que supuestamente han sido estudiados a fondo y que por haber sido objeto de experimentación y análisis son mas confiables que lo que nos pueda ofrecer un curandero o aficionado a la medicina.

Los medicamentos, en principio deben ser recomendados por alguien que conozca sus efectos, en estos casos lo ideal es la consulta médica, o de personas que tengan conocimiento de los efectos de cada medicina, Lamentablemente, en muchos países la consulta médica es muy costosa, y no todo el mundo se puede permitir el lujo de pagarla. A veces los institutos sanitarios públicos requieren largos sacrificios para conseguir una cita, que lo que hacen es mas bien empeorar la salud del enfermo. ¿cómo una persona que tenga cuarenta grados de fiebre podrá asistir a una larga cola, desde las tres o las cuatro de la madrugada, para poder ser atendido por un galeno de la seguridad social?. Claro esta que eso no ocurre en todos los lugares, pues existen algunos paises donde el servicio social esta muy avanzado y el enfermo recibe el control o tratamiento sin demasiadas dificultades.

Ustedes podrán pensar que no es necesario que el enfermo asista personalmente, pero si es una persona que vive sola, que no tiene familiares, o amigos, o los tiene, pero éstos, obligados por sus propias ocupaciones laborales no pueden ayudar al enfermo, es obvio que no queda otro remedio que quedarse en casa, y que pase la fiebre, por sí sola, sea como sea.

De ser posible, es muy útil tener en el hogar algunos implementos de uso médico que pueden ayudar a paliar la situación, o al menos a conocer el estado de la enfermedad o el simple malestar. Un termómetro, permitirá conocer si la fiebre es muy alta, o simplemente el calor que se siente se debe a otras circunstancia diferentes a las patológicas.

Además del termómetro, poseer un medidor de tensión arterial, que al mismo tiempo nos diga el número de pulsaciones, nos ayudara a saber el verdadero estado del malestar.

No es nuestro propósito recomendar ningún tipo de medicamentos ni tampoco de dar a conocer las virtudes o defectos de algunas hierbas, ya que todo eso se lo dejamos a los especialistas en tales ramos, quienes son los que tienen la menor posibilidad de equivocarse en el tratamiento, sin embargo existen algunas cosas elementales que si se deben tener en el hogar, por ejemplo: algún desinfectante para heridas, que puede ser alcohol, yodo o menthiolato; algunas vendas que permiten resolver de momento un daño en las muñecas de los brazos, o alguna rodillera para problemas en las piernas, como asi también algo de gasa, esparadrapo para sujetarla y alguna inyectadora estéril. Tener algunas tabletas de antipiréticos, para reducir las fiebres excesivamente altas y rebajar los dolores, también es útil en casos de extrema emergencia.

Por nada del mundo utilice medicamentos con fecha de expiración vencida, aunque en casos muy urgentes hay personas que los usan si están muy próximos a tales fechas, lo mejor es descartarlos, si es posible antes de que se venzan, pues los laboratorios hacen los estudios con bastante aproximación pero recuerden que el ser humano no es perfecto, además de que factores ambientales pueden alterar los valores que se han especificado.

Tal como ya hemos indicado en otras partes de este libro, esas fechas de vencimiento no solamente deben tenerse en cuenta en cuanto a los medicamentos sino también con respecto a los alimentos de cualquier índole.

Es recomendable que los útiles y medicinas de emergencia se tengan en un lugar aislado, a salvo de contaminaciones de cualquier tipo, y que puedan ser encontrados con facilidad por otras personas, en caso de necesidad o imposibilidad de buscarlas por el propio dueño. No deje los diferentes implementos regados por varios sitios, pues cuando usted los necesite, seguramente no será capaz de acordarse en qué lugar de la casa o de la oficina dejó tal o cual cosa.

## MÉDICOS

Hay personas que tienen como hobby el ir a los médicos. Buscan cualquier pretexto, aduciendo dolencias y males infinitos, para visitar al galeno que consideran más que médico, algo así como el santo de una iglesia. Es indudable que los médicos están para algo, pues de no ser así no existirían. Los médicos, independientemente de su calidad profesional, tienden a desesperarse, cuando desfilan por sus consultorios ese lote de sujetos que en realidad no tienen nada, y que verdaderamente lo que provocan es fastidio. El gran inconveniente es que cuando hay casos auténticos, los pobrecitos que de verdad necesitan atención adecuada, a lo mejor pasan desapercibidos, es decir, pagan justos por pecadores.

Esos tiempos, tan lejanos, en que el médico que nos atendía era un verdadero sabio, pues sin necesidad de tantos y tantos exámenes de laboratorio, pues apenas contaban con los dedos de sus manos para percibir situaciones de dolor o daño en su paciente, y también apenas con un equipo elemental de rayos X, eran capaces de detectar, y en consecuencia resolver la problemática de su cliente, ya han pasado a la historia. ¡Cuántas veces recordamos a ese meritorio médico catalán, que desde su modesto consultorio en el edificio Celeste de Sabana Grande, en Caracas, hace tantos años ya, era capaz de curarnos, con la única ayuda de su escaso equipo y su noble enfermera!. Por solo diez bolívares, que los pagabas si los tenías y si no, te consultaba gratis, ese eminente doctor Don Ramón Espinasa, a mí personalmente varias veces me salvó la vida, sin tener que recurrir a esos costosos gastos de laboratorio, tan necesarios para los médicos actuales.

Lamentablemente, ya no tenemos médicos de esa calidad humana y científica, pues los adelantos en electrónica, óptica y otras ciencias, ha convertido a esos graduados universitarios en simples interpretadores de resultados de laboratorios y equipos tecnológicos médicos, amén de que altruistas del orden del doctor José Gregorio Hernández, tampoco los vemos, por más que busquemos. No queremos con eso quitarle méritos a la medicina, pues es indudable que actualmente es mucha más la gente que se salva que antiguamente, pero a costa de gastar completamente las pólizas de seguros, o de arruinarse hipotecando su hogar.

Actualmente los únicos que se sienten satisfechos con los resultados de la ciencia médica moderna son los ricachones, pues no les importa pagar cualquier cosa, aunque sea excesiva por conservar su piel abarrotada de dólares, pero el pobrecito diablo que carece de los recursos de esos hijos del Rey Midas, tienen que recurrir a los servicios gratuitos, que como generalmente están mal pagados por las instituciones públicas, dejan poco margen para ponerle cariño a un paciente, salvo que sea un amigo o familiar.

Cuando vas a una clinica privada, observarás que te atienden como si fueras un califa asiático, te ofrecen hasta cafecito, y hasta te preguntan disimuladamente antes de saber cual es tu enfermedad que tipo de póliza de seguro tienes, pues eso facilita el tipo de atención que te van a dar y el tipo de operación o tratamiento que te van a recomendar. Si tienes dinero suficiente, tanto en póliza como en tu bolsillo, a lo mejor una dislocación rotular necesita una costosa prótesis importada que amerita ser instalada en un muy bien equipado quirófano con todo tipo de auxiliares y materiales.

¡Claro ustedes dirán que estamos exagerando mucho, comparando la medicina con la mecánica automotriz, si fuera el caso, pero para satisfacción de los inconformes, debemos reconocer, que aunque un poco difíciles de ubicar, todavía existen profesionales de esa especialidad que tienen buen corazón, y que se graduaron porque querían hacer bien al prójimo!.

Como este librito se basa en recomendaciones, y no en consejos, también debemos hacerlo en esta materia, a saber:

a) Malestares pequeños, lógicamente deben ser atendidos, pero nunca aterrorizarse porque de pronto nos duela el dedo pulgar del pié derecho, pues a lo mejor fué que sin darnos cuenta nos pisó la novia mientras bailábamos, y en unos días, por sí sola desaparecerá la dolencia.

b) Las cosas que creemos deben ser revisadas prontamente, son las que no nos han ocurrido nunca, por ejemplo un fuerte dolor en cierta parte del abdomen, pues pudiera ocurrir que por descuido nos venga una peritonitis mortal. Y a propósito del apendicitis, le recomendamos no tragarse las semillas duras de algunos frutos, pues al pasar por el intestino se colean por el huequito de esa aberración de la naturaleza que llamamos apéndice, y entonces, si de verdad estamos fritos.

c) Cuando un médico, sea quien sea, le haga un diagnóstico serio, haga lo mismo que cuando un mecánico nos dice que hay que rectificar el motor de nuestro auto, debemos consultar a otro galeno, así como también en caso similar le preguntamos a otro mecánico, y si los dos coinciden, y no son amigos entre ellos, pues ¡Adelante, a hacer lo que le dicen!.

d) Nunca vaya a una intervención delicada sin acompañante, pues aunque parezca inadecuado exponerlo aquí, a veces el ver a otra persona que presencia nuestras acciones, tal hecho nos cohíbe de realizar algo indebido. Por ejemplo: Digo que a Fulanito, durante el proceso de operación hubo que intervenirlo trayendo de urgencia otro equipo costosísimo de una clínica que los prestó previo pago adicional, cuando en realidad lo único que utilizaron fueron una o dos erinas, gasa, algodón y una aguja con el hilo de saturar las heridas. Igualito que pasa cuando un mecánico nos dice que cambió tal o cual pieza, y resulta que aprovechando que no le hemos visto trabajar, lo que nos enseña es una pieza que le quitó a otro automóvil el año pasado.

e) Si su póliza de seguros tiene un límite, y le mandan hacer, muchas veces por capricho, multitud de exámenes y consultas de otras especialidades, averigüe cual es el monto de la tal póliza, y la fecha de vencimiento, pues a lo mejor usted tendría que dar preferencia a lo más urgente, dejando para el próximo año el consumo de la renovación del seguro.

f) Sea honesto con su compañía de seguros, y firme como recibido el servicio que de verdad le dieron, pues aunque la gente piensa que los seguros siempre son unos bandidos, la mayoría de las veces no es cierto, y hasta algunos se arruinan por culpa de nuestra falta de control en los gastos. ¿Qué le pasará a una compañía aseguradora en que todos sus afiliados, recibiendo por cada uno, por ejemplo trescientos dólares anuales por una cobertura de trescientos mil, a todos se les ocurra consumirla totalmente?.

g) Si un médico le puso un tratamiento, debe seguirlo al pié de la letra, pues independientemente de costos, confiabilidad y otras pequeñeces, se supone que usted fué al médico para tratar de curarse y no para pasar el rato.

h) A veces hay servicios públicos que resultan mejores que los privados, pues puede ocurrir que casualmente esa institución tenga personal de calidad, ético y profesionalmente capacitado, que no está sujeto a egoísmos propios. Aunque hay muchos ejemplos válidos, el que mejor se nos ocurre es el de la Cruz Roja, que presta servicios tan importantes que lamentablemente casi nadie sabe valorar.

## MENTIRAS

Hay personas que sienten un inmenso placer diciendo cosas falsas, imaginando situaciones que nunca ocurrieron, en la creencia de que todo el mundo es bobo y se creerá sus supercherías.

Mentir es algo muy delicado, que solamente se justifica cuando se produzca un bien mutuo sin daño notorio de ninguna parte, pero hacerlo por aparentar lo que no somos, provocar enredos entre personas diciendo cosas inexistentes, o alterando el sentido de lo que ha ocurrido, aparentando haber sido testigo de algo que perjudica a otros, y tantas y tantas otras cosas que son producto de la mentira, de la falsedad, cuando se hacen en forma consuetudinaria, y sin ninguna verdadera necesidad, debemos considerarlas un grave delito, y en efecto, los códigos penales de casi todos los paises, condenan el perjurio y la difamación con severas penas.

## MOTOCICLETAS

La población de cualquier país esta dividida en varios estratos, que generalmente se diferencian por características particulares de cada uno de ellos. Una de las variables de mayor relevancia es la económica. Las personas pudientes utilzan vehículos costosos, a veces hasta blindados, que pueden ser manejados por ellos mismos o por sus choferes. Un segundo grupo esta conformado por la clase media alta, que también usan automóvil, aunque no tan lujoso. Otro grupo lo determina la clase media baja, la cual emplea vehículos usados, de menor valor, aunque de elevado costo de reparación, pues generalmente se la pasan dañándose.

Entramos a otro grupo importante, el de la clase pobre alta, que a veces tienen mas recursos que los de la misma clase media, y que se

identifican porque utilizan vehículos propios de esa clase para identificarse como tales y tener acceso a los grupos de sus comunidades. Esos vehículos, generalmente son motocicletas, que pueden ser desde las mas costosas hasta las de mediana cilindrada. Este grupo social es el más peligroso, por los componentes importantes de su comportamiento y que explicaremos más adelante. Un penúltimo grupo esta formado por personas pobres, que generalmente esta conformado por la clase obrera trabajadora, que en su mayoría son personas de buenos sentimientos, pero acuciados por las fallas económicas, que a veces les obligan a olvidarse un poco del mal ajeno, y que son los que emplean las motocicletas mas económicas del mercado. Y finalmente, los pobres de solemnidad que lamentablemente no tienen nada en absoluto, ni vehículo, ni casa, y ni siquiera trabajo.
.

El grupo que mas nos interesa en este momento es el de la clase pobre alta, que debido a sus propias características, aparentan ser pobres, pero viven como ricos. Deben utilizar motocicletas, pues si emplean automóviles los identifican con otras cases sociales, y por lo tanto se salen del ámbito de sus necesidades.

¿Por qué alguien que se hace pasar por pobre, y vive en medios de tal estrato, a pesar de que tiene recursos para vivir dentro de otros grupos superiores?. La respuesta esta en la forma en que obtienen tales recursos, pues aunque indudablemente hay muchas excepciones, sobre todo en casos de personas egocéntricas, deportistas o algo diferentes mentalmente, la gran mayoría obtiene sus ganancias en forma indecorosa. Es el grupo que alberga a muchos asaltantes, ladrones de cualquier índole, sicarios homicidas, secuestradores, y algunas otras bellezas más. Cuando veamos sujetos de esas características debemos tener cuidado de no ser asaltados, ya vayamos en nuestro automóvil o a pie. Generalmente conforman grupos de al menos tres motorizados, que se ubican en las autopistas para cometer sus desmanes durante las largas colas del tráfico. Dos de ellos rodean al automóvil, uno por cada lado del vehículo y conminan al conductor a dejar quitarse sus pertenencias. Un poco alejado, a la distancia, y generalmente en un lugar más elevado se encuentra el tercer compinche, que en caso de que observe que la supuesta victima no se deje asaltar le disparan con intención de matarle, mientras los compinches se alejan. Como en una cola de automóviles, los únicos que caminan son las motocicletas, y tomando en cuenta que hoy dia en un país con gran inseguridad ante el delito nadie se atreve a bajarse de su automóvil para ayudar a otro, trabajan impunemente, en tal forma que las policías no pueden controlarlos.

Es obvio, que lo referido no es el único problema con respecto a las motocicletas, pues existen otros, de diferente índole, aunque bastante relacionados. La proliferación de este tipo de vehículos en los últimos años, no se debe al intenso tráfico de las ciudades, como muchos supuestos encuestadores tratan de demostrar, pues en el país desde el cual escribo estas líneas, siempre ha habido un intenso tráfico, y siempre, también, ha habido motocicletas, pero nunca había existido un nivel tan elevado de delincuencia. Esa proliferación se debe principalmente a la anarquía reinante en la movilización vehicular. La mayor ventaja de la motocicleta es la gran movilidad que tiene de desplazarse de un lugar a otro, saltándose todo tipo de reglamentación de tráfico, permitiendo realizar actos indebidos sin que alguien sea capaz de detenerlos. Los más pobres los emplean tal vez por la economía de tener un vehículo de menor costo, pero representan un porcentaje muy bajo comparado con los que lo utilizan para poder hacer de las suyas sin que nadie los controle.

Con lo dicho anteriormente, podemos justificar ampliamente la causa verdadera de la proliferación de motocicletas, utilizadas por ese gran grupo social indecoroso que ha aumentado en forma gigantesca durante los últimos años, y que tienen como único objetivo en su vida el de vivir alegremente a costas de cualquiera que no sea capaz de defenderse por si mismo. Ese tiempo en que los repartidores de comercios o industrias utilizaban la moto o la bicicleta con canasta, ya ha pasado. La bicicleta ha perdido su vigencia porque actualmente no es posible manejar en una ciudad un vehículo de esas características teniendo en cuenta la forma descontrolada en que conducen los vehículos casi todas las personas. Actualmente los repartidores de algunas empresas utilizan vehículos pequeños, que les permiten llevar mayor cantidad de mercancías y que en efecto son mas seguros en el tráfico.

El comportamiento de los motorizados, generalmente, valiéndose de su supuesta impunidad, que aunque no es legal, si lo es en la práctica, utilizan cualquier vía de tránsito en forma indiscriminada, conduciendo en contra de la dirección del canal, adelantando a los otros vehículos sin ningún respeto para el transeúnte, ya sea vehicular o peatonal. Esas circunstancias nos permiten hacer algunas recomendaciones al conductor de automóvil, que pueden serles útiles.

Cuando esté en un semáforo, esperando a cruzar, tenga en cuenta que si deja un pequeño hueco entre su carro y el que esta delante, cuando menos se imagine una motocicleta se cruzará delante de usted impidiéndole que termine de atravesar el cruce, por muy peligroso que sea ést., obligándole a quedar a la mitad del camino, en medio de multitud de vehículos que le echarán la culpa a usted de trancar la vía. En estos casos es imperativo no dejar espacios, y aunque es algo peligroso hacerlo, pues el vehículo delantero podría dar un frenazo y hacer que usted choque, debe confiar en su propia pericia en el manejo de vehículos para evitar tal suerte de accidente, que en definitiva seria menos riesgoso que chocar a una moto que se le atraviese, ya que ellos se confabulan y seguramente, aunque usted no tenga ninguna culpa será asaltado por centenares de los colegas en moto que vayan pasando por el lugar,

Esta misma circunstancia es también importante en otros muchos casos, aunque no sea en semáforos, sino simplemente mientras usted vaya caminando por su canal correctamente, pues los motorizados que se le adelantarán tanto por la izquierda como por la derecha, cuado usted menos se lo espere, a lo mejor provocan que usted los golpee, pues un vehículo en marcha, por muy despacio que vaya si se le atraviesa una moto por delante con apenas medio metro de distancia de su parachoques, jamás podrá frenar adecuadamente. También tenga en cuenta que muchísimas veces los delincuentes profesionales utilizan este recurso como pretexto para chantajearlo, extorsionarlo o hasta finalmente atracarlo.

Con esto último que hemos indicado, debemos recomendarle que cuando no haya motos que usted pueda divisar a través de los espejos retrovisores, guarde las distancias de acuerdo a lo estipulado por las leyes de tránsito, para evitar cualquier accidente, pero en caso de que se le acerquen las motos, reduzca ese espacio al máximo, pues ampliarlo no servirá de nada si la motocicleta se le adelanta demasiado cerca de su parachoques, ya que en ese caso el resultado será mucho peor, ya que usted lógicamente, a mayor distancia del vehículo que está delante, podemos ir más rápidamente y el golpe será mayor.

## ODIO

No debe confundirse el sentimiento de Odio con el de Desprecio. El Odio está muy relacionado con el sentimiento mal denominado Amor, mientras que el Desprecio lo está con la pérdida de interés por algo o alguien.

Acostumbramos llamar Amor a lo que no lo es, pues en realidad debemos llamarlo Pasión o deseo sexual. El Amor, tal como lo indicamos en el aparte correspondiente, es casi inexistente por la poca probabilidad de que un sentimiento de tal superioridad sea albergado por los corazones del hombre moderno, tan aferrado a la materia. Tampoco debemos confundir al verdadero Amor con la Devoción. El Amor es algo espiritual que incita al que lo siente a desear estar unido totalmente con la persona amada, tanto en espíritu como en cuerpo, mientras que la Devoción es una especie de Respeto, con cierta mezcla de Temor, utilizada mucho en Religión.

## OFERTAS TENTADORAS

Antes de empezar a hablar sobre este tema, tengamos en cuenta, que nadie, absolutamente nadie, salvo en el seno familiar, le dará a usted algo que no sea a cambio de algo mejor. No debemos dejarnos engañar por supuestas ganancias, que a veces aparentan ser fabulosas, y que desatan la codicia del incauto. Tenga mucho cuidado con las célebres pirámides, que hacen que cobren los primeritos, que son muy pocos, pero que los intermedios o finales se quedan sin cobrar un céntimo, perdiendo todo lo que invirtieron.

Las personas suelen fiarse, basándose en el prestigio de la institución que hace la oferta, en especial los bancos, pero recordemos algo ocurrido en Venezuela hace ya bastantes años, en donde había bancos que ofrecían intereses de hasta el 78% anual. Todo el que tenía dinero en aquellas entidades bancarias que ofrecían mucho menos, que en aquella época era alrededor del 20%, cambiaban sus haberes trasladándolos a los nuevos, que por ser también antiguos parecían confiables. Obviamente, los primeros meses cobraban tales intereses, y la gente se enloquecía por conseguir dinero para ingresar en esos supuestos filones de oro, pero... ¿qué pasó?. Esos bancos utilizaron los dineros de sus clientes para enriquecer a multitud de relacionados; y sacaron del país grandes cantidades monetarias para cuentas fantasmas, etc., con el resultado lógico, de que llegó un momento en que no tenían dinero para cubrir el pago de los intereses exorbitantes. El Estado asumió el control de los mismos, pero lógicamente, únicamente se responsabilizó de cantidades mínimas. Los grandes capitalistas inversores se arruinaron.

Tal vez le vengan con  el cuento de que ¡Usted ha sido favorecido con tal premio!. Al tratar de cobrar el supuesto regalo se encontrará que usted tendrá que inscribirse en alguna institución, y pagar las cuotas exorbitantes, a pesar de que supuestamente la inscripción es gratuita.

En internet, todos sabemos que constantemente somos abusados, introduciendo en nuestra pantalla absurdos avisos de loterias que ofrecen cosas gratuitas, o que te premian con ingresar a tal o cual país, otorgándote las visas como regalo.  Cualquier persona inteligente puede deducir que las visas las otorgan los gobiernos y no las loterías, y que si un lotero te dá algún día mil dólares, es porque en el transcurso de tu vida le pagastes cien mil.

## RELACIONES CON GRUPOS

Aunque la mayor parte de las personas no le presta atención al comportamiento que siguen en lugares tales como el trabajo, el aula de estudios, las reuniones sociales, etc., si es importante no dejar tales comportamientos al azar, pues tarde o temprano empezaran a surgir problemas que estamos en capacidad de prevenir. Veamos.

En la oficina donde trabajamos, que es el lugar donde vemos todos los días a las mismas personas, poco a poco se van estableciendo nexos de confianza que de no controlarlos pueden llegar a ser perjudiciales. Por ejemplo gastar una broma, sea pesada o no, puede dar lugar a que ocurra algo por la parte contraria, en reciprocidad, y así convertirse en una espiral de situaciones que pueden llegar a un punto tal que notemos que le hemos perdido totalmente el control. Debemos ser moderados en esas relaciones, mientras estemos en el ambiente de trabajo. Obviamente, si celebramos una reunión fuera de la oficina, en ese caso puede, tal vez, y en forma moderada también realizarse alguna broma, que nunca debe ser pesada, pero el ambiente de trabajo hay que respetarlo siempre, y no excederse en la confianza.

Aunque tengamos una excelente realación con nuestro jefe, mientras estemos en la oficina debemos mantener lo correspondiente a la diferencia de roles, y ponerse confianzudo delante del personal, puede hacer que su patrono, siendo o no su amigo, decida despedirlo con cualquier pretexto, para poder preservar la seriedad de su cargo dentro del ambiente laboral.

Si usted es estudiante, y tiene que relacionarse con compañeros de aula y con profesores, considere a sus compañeros como hemos indicado en el caso de una oficina, y a sus profesores como si fueran sus patrones. Pueden ocurrir situaciones similares que provoquen dificultades tales que hasta impidan que usted apruebe una determinada materia.

Tal vez alguno de sus profesores tome simpatía por usted y lo atienda con alguna preferencia. Eso no debe darle a usted motivo de tratarle como un igual, dentro del aula, pues ocurriría algo similar al patrono amigo suyo dentro de una oficina. Los compañeros, a veces pueden sentirse envidiosos de que usted sea preferido por el profesor y hasta le acusen de que le regalan la materia, por lo que siempre debe ser cauto para evitar confusiones que pueden afectar su integridad moral, aún siendo usted plenamente inocente de tales acusaciones ofensivas.

En las fiestas a las que usted asista, y debido muchas veces a la influencia del licor, se pueden presentar situaciones indecorosas, que una persona inteligente debe tratar de evitar. Cuando alguien se ponga demasiado confianzudo con usted, trate de alejarse, sin que esa persona pueda tomarlo por ofensa, pues sabemos que el licor hace valientes hasta a los pingüinos. Si la situación se empieza a presentar difícil, y usted no es el encargado de promover tal evento, es recomendable que abandone el lugar, pues el que usted sea una persona consciente, educada, correcta, éticamente responsable y consciente de su deber como ciudadano, como amigo, o como festejante, no hace que los demás, también lo sean, y antes de llegar al extremo, lo mejor es interrumpir la secuencia del hecho.

## RELIGIONES

Desde siempre han existido las religiones. En la época en que el ser humano, debido a su falta de conocimientos del medio que les rodeaba observaban la ocurrencia de hechos que no sabían explicar, los relacionaban con aquellas cosas que por casualidad ocurrían en tal momento. Por ejemplo: si después de una larga sequia, el dia que estaban sentados haciendo fuego ante una piedra de forma anormal, empezaba a llover, miraban a la piedra y le asignaban un nombre de acuerdo con la forma que tenia, tal vez se parecía a un pez, y entonces lo llamaban el Dios Pez, y así mismo empezaban a adorarle en la creencia de que era el dios de la lluvia. Igualmente con multitud de cosas que pudieran ocurrir semejantemente.

A medida que se avanzó en los cono-cimientos se fueron unificando los dioses, hasta llegar al extremo de crear uno solo, es decir, nació el monoteísmo. Ese monoteísmo era intepretado de diferentes formas, y así hubo diferentes ramifi-caciones que originaron las actuales grandes religiones, En el fondo el motivo inicial que originalmente sirvió para creer en el tal Dios Pez, es casi el mismo que el que tenemos actualmente para creer en ese único dios al que damos diferentes nombres de acuerdo a las diferentes religiones. Obviamente es muy satisfactorio pensar que existe un ser poderoso al cual podemos achacarle todos los males o todas las cosas que no entendemos por nosotros mismos, pues tal cosa nos libra de la carga terrible de reconocer que nuestro cerebro es tan pobrecito que no podemos por el momento entender las grandes cosas de la "creación".

En un libro aparte, explicamos en forma racional toda la verdad sobre este tema tan importante, que no tiene nada de banal, pues en realidad desde el punto de vista de la ciencia actual podemos determinar lo que realmente es un dios o dioses, ya que en realidad tal concepto si es auténtico, aunque hasta ahora el ser humano lo interpreta erróneamente.

No vamos a hacerle recomendaciones sobre su propia religión, pues esta muchas veces ayuda a que la persona sea mejor de lo que la tendencia del ser humano, de por si salvaje,ególatra e interesado necesita para ser un poquito mejor, pero no exceda tampoco los limites, y trate de profundizar en la verdad de las cosas, aunque algunas, ya existentes, perduran a pesar de haber sido dramáticamente crueles en el pasado, pero que a pesar de todo, en ciertos momentos han ayudado. Como punto de referencia puede analizar las modernas tendencias de ciertos sectores musulmanes que como en la época de las cruzadas asesinan a los de otras creencias, simplemente por no ser iguales a ellos, así como en el pasado los mismos cristianos lo hicieron con los hijos de Alá.

## RÍOS

Estar retozando en la ribera de un río, tal vez comiendo un frugal alimento preparado en casa, y ver correr a nuestros hijos o hermanos en alegre algarabía, zambulléndose en el escaso oleaje que esas corrientes permiten, puede hacer que por momentos nos sintamos felices, pero hay cosas que debemos tener en cuenta, que de vez en cuando ocurren y nos matan:

a) Si debajo de ese río, casualmente transcurre una corriente de agua, y en un momento determinado, impensado, se abre una comunicación del río superior al inferior, se forma un remolino que puede absorber todo lo que está en su proximidad, desde plantas y animales, hasta a las mismas personas que se encuentren dentro de esa corriente. No hay salvación posible en esos casos, pues la persona atraída lo es hacia una corriente subterránea hacia la cual no tenemos casi nunca acceso.

b) Ésto puede ocurrir no solamente en ríos sino también en otras fuentes acuosas, por ejemplo las lagunas.

c) No menosprecie que el río sea pequeñito, hasta el punto que se le considera solamente quebrada, pues si ocurriera una fuerte lluvia, podría venir una enorme mole de piedras y agua, mezclada con todo lo que encuentre a su paso, que seguramente no le permitirá dada su velocidad evitar el percance. A veces nos avisa un fuerte ruido, pero no siempre.

## SALUD

La mayor parte de las personas viven muy descuidadamente, pensando que no importa cómo se viva, pues creemos que siempre tendremos momentos para recuperarnos de todo, y volver a empezar por siempre. La imagen de la ancianidad se ve tan lejana que a veces hasta nos burlamos de ella. Aunque esta forma de pensar, algunas veces tiene su lado positivo, generalmente es destructora. Nos hace vivir sin pensar en el futuro, solamente gozamos el presente a más no poder, hasta que algunas veces desfallecemos. En tal estado anímico somos incapaces de cuidar nuestra salud, porque nos sentimos fuertes, casi inmortales; no procuramos tener relaciones estables, porque es muy cómodo evadir responsabilidades y vivir alocadamente. Los años de la infancia siempre nos parecen muy largos, los de la adolescencia se acortan un poco, pero aún así siguen pareciéndonos bastante extensos; al llegar a la juventud, casi ni pensamos en que sean largos o cortos; ya en la madurez el tiempo nos parece que pasa más rápidamente, pero no importa, pues todavía somos jóvenes, cuarenta o cincuenta años no es nada. Cuando traspasamos el umbral de los sesenta sentimos que las cosas no son como creíamos, desesperadamente empezamos a hacer ejercicios para mejorar la salud, buscamos relacionarnos establemente, pero lamentablemente ya el tiempo transcurrido ha sido mucho y muchas cosas ya nos llegan tarde; cuando sobrepasas los setenta, si es que tienes la suerte de llegar allí, a pesar de la terrible inseguridad reinante, empiezas a arrepentirte de las cosas que no se han hecho, y de las que podríamos haber realizado, la melancolía tal vez nos embarga a algunos, o la conformidad nos alienta a otros. En resumen: nuestra recomendación a la gente joven es: dado que la vida en realidad transcurre prácticamente en un santiamén del universo, debemos disfrutarla plenamente, pero en forma sana, no forzar demasiado el cuerpo con vicios de cualquier índole; aunque el dinero es importante, siempre es bueno guardar algo, pues a lo mejor cuando seas ancianito no tendrás quien te cuide, podrías tener que vivir debajo de un puente si al menos no tienes tu casita, y a lo mejor también tendrás que mendigar si la pensión de vejez no te alcanza para comprar medicinas, de haber ahorrado algo seguramente el daño será menor. Ser anciano y no tener un perrito que te ladre, es decir, esposa, hijos, nietos, amigos, etc. puede llevarte a desear el final antes de tiempo. ¡Piensa, y recapacita, más vale prevenir que lamentar!.

## SANIDAD:

Cuántas veces, por descuido contraemos enfermedades que nos reducen el tiempo de existencia o acaban con nosotros. A veces son cosas tan simples que al referirlas, el lector cae en un ataque de risa. Veamos algunas de esas simplezas:

Mientras usted está comiendo, de pronto le llaman al teléfono; usted, ante lo imperante de la situación, descuida la comida encima de la mesa del comedor, o de otro lugar, y atiende la llamada. Puede estar un minuto, cinco o diez minutos, no es importante cuan largo fué el diálogo, pero lo que sí lo es, aunque le parezca ridículo, es que posiblemente, durante ese corto lapso de tiempo, su comida, descuidada, a la interperie, pudiera haber recibido la visita de una sola mosca, aparentemente indefensa, pero que a lo mejor venía de posarse en el excremento de alguien, en un alimento podrido, o en la herida de un enfermo infeccioso. Hablamos de moscas, que son los insectos más peligrosos, aunque también podría serlo una cucaracha, y en casos ya extremos hasta un pequeño ratoncito o rata, de esos que corren por las alcantarillas portando millones y millones de bacterias dañinas.

Cuando deba abandonar de momento su alimento, cúbralo con cualquier cosa, que puede ser una servilleta, un papel, hasta un pañuelo, o si la mesa tiene mantel, doblar una esquina y montarla encima del alimento. Tal cosa, tan simple, puede salvarle hasta la vida.

Comer en un restaurante, puede ser peligroso, si ese lugar no tiene las condiciones higiénicas adecuadas. Algunas veces los dueños de esos locales son totalmente desaprensivos, y como ellos no son los que van a consumir tales comidas, dejan que las alimañas de toda índole se satisfagan a su albedrío. Puede que usen las sobras de otras personas, que en realidad no sería peligroso si éstas son sanas, pero si por mala suerte para usted, alguna tiene una enfermedad infecciosa grave, como por ejemplo hepatitis, usted seguramente la padecerá también. Tampoco podemos fiarnos de que el lugar parezca serio, discreto o limpio. Recuerdo que en varias oportunidades, comiendo en el restaurant de una Universidad caraqueña, de elevada categoría académica, comí una tortilla encebollada, en donde la tal cebolla era en realidad alas de cucarachón, que por cierto son muy amargos. En otra oportunidad, masticando un delicioso panecillo recién salido del horno, me encontré en la boca un rabo de ratón.

No queremos aterrorizarlo contando las cosas que en realidad pasan y que usted a lo mejor no sabe. Por ejemplo: Usted le cae mal a un mesonero, y el sujeto para vengarse le escupe la comida cuando usted no lo vé. Dice el refrán que ojos que no ven, corazón que no siente. Pero aunque no lo sienta su corazón, si pueden sentirlo sus pulmones si el sujeto está tuberculoso, o padeciendo una enfermedad venérea, que le provoca rascarse con frecuencia y le toca los alimentos que le van a servir.

Siempre hemos pensado que la mejor forma de eludir gran parte de las dificultades es no comer en kioskos callejeros, ni en restaurantes de mal aspecto, sin embargo hay algunas claves que permiten saber poco más o menos el grado de limpieza de lo que aparentemente vemos: Eche una mirada de reojo a la cocina, y vea el aspecto de los cocineros o cocineras; esa sola mirada dice mucho de su comportamiento, deben tener ropa limpia, la cabeza cubierta para evitar la caída de los cabellos y de la caspa, el cuerpo debe estar cubierto en forma tal que el sudor no caiga directamente en la comida que preparan... ¡bueno, sólo les damos algunas ideas, pero ustedes deben poner su imaginación en todo aquello que no referimos para no hacernos los pesados!.

Si va a comprar carne para cocinarla en su hogar, no la compre ya molida, pues seguramente el carnicero utilizará todos los sobrantes que encuentre, sean frescos o podridos y los mezclará. Es preferible que compre la carne entera y después le pida, en su presencia, que la muela, o también usted puede hacerlo en su casa.

Cuando compre enlatados no admita aquellos que se vean algo hinchados, pues seguramente se intoxicará, y también verifique las fechas de vencimiento de tales productos, que generalmente lo llevan impreso en algún lado, por ser algo obligatorio. Si los alimentos son de los que se ofrecen envueltos en bandeja, vea esas mismas fechas, pero no se confíe tanto, porque a veces, inclusive en las grandes empresas, cuando el producto está vencido, le cambian la etiqueta por otra nueva, mientras que el alimento sigue siendo el mismo.

Antes de manejar alimentos, lávese las manos. Ese acto es más importante de lo que usted se imagina, mucho más fundamental que lavarse la cara u otra parte del cuerpo, pues las manos son la herramienta con la que tocamos y manejamos todo lo que hay en nuestro entorno.

## SEGURIDAD

Nunca deje una sustancia venenosa dentro de un envase de otro producto, ya que podría producirse un accidente al utilizarlo equivocadamente. Si debe usar un envase diferente al menos póngale una etiqueta que indique de qué producto se trata.

Si está reparando algo en su hogar o en otro sitio, tenga cuidado con los objetos punzantes que se usan para realizar los trabajos. Tal objeto puede escaparse de su mano, o deslizarse inadecuadamente, y clavarse en una parte de su cuerpo, que muchas veces es la cara.

Nunca se quede mirando fijamente al sol, pues dañará sus ojos y podrá hasta quedarse ciego.

Si tiene que alejarse de su hogar, aunque sea por un día, cierre la llave principal del agua, pues de romperse una cañería se inundaría toda su casa.

Las instalaciones eléctricas generalmente están protegidas por fusibles automáticos, que en caso de cortocircuito interrumpen la corriente, por lo que no es necesario que cierre las llaves de seguridad. Apagar todas las luces indicará a los posibles delincuentes que no hay nadie en su hogar, con las consecuencias que puede calcular. Si por el contrario, deja luces encendidas durante el día, también indicará lo mismo. En todo caso consígase un reloj regulador que prenda y apague las luces automáticamente ya sea de día o de noche, cuando usted esté ausente.

Dada la gran facilidad con que actualmente un ratero puede abrir un vehículo, no es recomendable portar en el maletero objetos de alto costo. Debe llevarse únicamente lo necesario, sin acumular demasiados repuestos o herramientas. Sin embargo, en algunos casos, en que haya que viajar largamente, tal vez habrá que llevar un equipo más complejo para cubrir las posibles emergencias del viaje.

Algo que no debiera faltar tanto en el hogar como en el vehículo, son algunos medicamentos de emergencia que puedan resolver dificultades sanitarias del momento. Así como en su vehículo es bueno llevar alguna de las medicinas que su médico le recomendó tomar obligatoriamente, así como un frasco de algún líquido desinfectante, alguna tableta contra los dolores, una venda, etc., de acuerdo con lo que se acostumbra utilizar en la vida diaria, así también en el hogar se deben tener pequeñas cantidades de los medicamentos más elementales de uso frecuente, además de un termométro, y de ser posible un tensiómetro, inyectadoras y lo que el uso particular crea necesario.

Nunca deje documentos de importancia en portafolios llamativos, a la vista de cualquier persona. Si debe llevarlos, no se desprenda del maletín, y a la mayor brevedad deposítelos en lugar seguro.

Cuando viaje en un vehículo nuca lleve objetos pesados en los asientos, sin que estén asegurados, pues en caso de un choque, saldrán lanzados hacia adelante produciendo daños que pueden ser irreparables.

## SIMULACIÓN

La vida es cada día más complicada, a tal punto que si queremos relacionarnos adecuadamente con el mayor número de personas debemos aplicar algunas reglas, que en un tiempo parecían indecorosas, pero que, lamentablemente, en la actualidad son obligantes, imprescindibles, y nada pecaminosas.

Una sonrisa en el rostro, aunque usted se esté muriendo de rabia ante determinada situación, le permitirá poder dialogar con la parte contraria, y a lo mejor llegar a algún acuerdo, mientras que si usted pone su carota de toro embistiendo, con la frente fruncida, vociferando o moviendo sus brazos desesperadamente, le tomarán como un demente y no le harán ni caso.

Hay mentiras inocentes que son fundamentales para un buen vivir. Por ejemplo: si usted está buscando un trabajo de vigilante nocturno y le preguntan si cuando usted duerme lo hace profundamente, deberá decir que no, enfáticamente, pues si dice que sí, lo despacharán destempladamente; está buscando un préstamo de alguien y le preguntan si trabaja en algún lugar, o tiene bienes que garanticen la deuda, es obvio que al flojo que no trabaja nadie le presta nada, y si no tiene donde caerse muerto, mucho menos. Una mentirilla saludable a lo mejor hace que de momento le den el empleo de vigilante del caso anterior, o el préstamo de este ejemplo, hasta que se descubra que no era cierto, pero a veces sirve hacer el intento.

Sin embargo, y tengámoslo muy en cuenta, hay casos en que no se debe mentir por nada del mundo, por ejemplo: Usted aspira casarse con una persona, y dicha persona quiere hacerlo con alguien que tenga determinadas condiciones. Si usted la engaña, tarde o temprano descubrirá la falsedad, y será un motivo de discordia que seguramente destruirá la felicidad matrimonial llegando a producirse el tan temido divorcio.

Otro caso: Usted consiguió relacionarse con una pareja, pero en forma ocasional, solamente para un día, y resulta que usted es enfermo de Sida, y no utilizó protecciones. Mentir en este caso, aunque no se lo pregunten en un crimen, similar a un asesinato.

Va a casarse y le pregunta su pareja o alguien interesado si tiene hijos. Debe usted decir absolutamente la verdad antes de contraer matrimonio, para que la persona sepa a que atenerse, descubrirlo después será la catástrofe.

## SOLIDARIDAD

Hay paises donde la solidaridad humana es muy grande; cualquier persona se ofrece para ayudar al prójimo, ya sea en forma individual o colectiva. Generalmente son paises donde hay un gran respeto por las leyes, y sus conciudadanos son capaces de colaborar en cualquier cosa que surja. Lamentablemente estos son muy escasos, tan escasos que los contaríamos con los dedos de la mano y no llegaríamos a concluir una segunda ronda de conteo. La gran mayoría está conformada por sujetos de baja calidad humana, incapaces de ayudar al prójimo, pues sólo piensan en sí mismos, es decir la gran mayoría de su población es psicópata. Obviamente estas características se encuentran en forma muy variada, de muy diverso grado, y con variantes importantes en cuanto a las actitudes de la población, que en muchos casos depende de las aptitudes de su desarrollo intelectual.

Para poder asimilar lo que vamos a indicar, debemos elaborar una escala de 0 a 100 por ciento, en la cual ubiquemos al país donde vivimos, y de acuerdo con esos valores, poner mayor o menor empeño en seguir las recomendaciones que les indicaremos a continuación. Hay instituciones que se dedican a los datos estadísticos, y de vez en cuando publican el grado de peligrosidad de cada país. Nosotros, en estos momentos, en el supuesto caso de que consideráramos que nos encontramos en una región del planeta que hace apenas sesenta o setenta años calculábamos tenía un  grado de peligrosidad de apenas el 10 por ciento, mientras que actualmente pudiera ocurrir que alcanzara el nivel del 80 por ciento, tendríamos que ejecutar conductas de acuerdo con esa hipotética situación en la tal escala.

Las siguientes recomendaciones son para un país de entre un setenta y un noventa por ciento de peligrosidad. No mencionamos el cien por ciento, pues eso significa prácticamente un desastre total, un caos general, que ojalá no sea alcanzado por ningún país del planeta. Tampoco hablamos de un cero por ciento, porque eso es inexistente, pues en cualquier país, ya tenga escasa o muy elevada peligrosidad siempre habrá delincuentes y psicópatas en mayor o menor grado.

Cuando viaje por carretera, y le hagan señas de dar una "colita" o "empujón", no se fié de que quien se lo pida sea una bella dama, pues puede ser un señuelo para que usted se detenga, y al hacerlo aparecerán algunos sujetos que le arruinarán la vida. Aunque no es frecuente que usen ancianitos o niños, también los malandros de oficio utilizan personas de esas edades para cometer sus actos delictivos. Si usted queda dudoso, y le dá lástima la persona, porque piensa que de verdad necesita su ayuda por ser un lugar despoblado, siga adelante hasta perder de vista a la persona, gire al canal contrario sin que la vea, y pasando otra vez frente a ella, pero en sentido contrario se dará cuenta de si le vuelve a pedir ayuda o no. Si no lo hace, es posible que esa dirección no le interese, porque de verdad va hacia el lado contrario, en ese caso concluya su prueba avanzando unos metros como si se alejara y hágale seña de que se dirija hacia usted. El que de verdad necesita la ayuda no le hará caso, y si esa es la situación, dé otra vez la vuelta, pásele de largo unos veinte metros y vuelva a ofrecerle el servicio. Seguramente la persona lo aceptará si de verdad está muy urgida, aunque puede pensar algo raro de usted.

Usted ya cree que cumplió su deber humanitario, y le pregunta hacia donde se dirige. Durante esos pases frente a la persona, usted debe tratar de observar si en su aspecto encuentra algo sospechoso, como un bulto que indique armamento, o ver si hay obstáculos cercanos donde puedan esconderse posibles cómplices.

Tenga en cuenta que en un país con inseguridad de un ochenta por ciento, y hasta menos, lo recomendable es no montar en su vehículo a nadie, salvo que sea una persona conocida por usted, porque los delincuentes hasta se disfrazan de clérigos, de policias o de cualquier otra profesión respetable. De todas maneras esa recomendación puede funcionar en algunos casos, aunque no en todos, desde luego. Si está en un país catalogado entre un diez a un treinta por ciento, no se preocupe demasiado y haga el favor a cualquier persona.

Medidas cautelares adicionales pueden ser las de pedir al sujeto que montó en su vehículo, antes de hacerlo, que el bulto o paquetes que lleve los deje en el asiento trasero, pues bajarse para abrir el maletero es muy peligroso, pues fuera de su vehículo usted está completamente indefenso, ya que no podrá arrancar de emergencia.

A veces, en las regiones donde existen asaltantes, guerrilleros, o cualquier otro tipo de delincuentes, para que usted detenga su vehículo le pondrán obstáculos de toda índole, desde maderos atravesados, ramas de árboles, piedras, tachuelas de cabeza grande y unos alambres fuertes que doblan en forma tal que al lanzarlos siempre quedan con un lado agudo muy afilado que le reventará un neumático. Si el objeto es grande y lo divisa desde lejos, aminore la marcha, en espera de que llegue algún otro vehículo antes de avanzar, pues al delincuente se le hace más dificil lidiar con más de un carro a la vez.

En las vías tipo autopista, que tienen un muro divisorio central es menos peligroso ir por la vía rápida, pues los objetos pequeños lanzados tienden a desplazarse a los canales más lentos, además de que si sufre un accidente, causado o no por delincuentes, el muro le ayudará a aminorar algo los riesgos de caer por un barranco. Ir por el canal del hombrillo es la peor decisión para un conductor de automóvil, pues además del riesgo de encontrarse con una falla de terreno que le provoque accidentarse, tendrá que sufrir el impacto en los neumáticos de toda la basura que generalmente se deposita en ese canal.

Los delincuentes, no solamente intentarán que usted se detenga poniendo obstáculos en la vía, sino que también podrían utilizar un puente, para desde arriba romperle el parabrisas de su vehículo para que usted se detenga y asaltarlo. También puede ocurrir que se combinan con otro automóvil para provocar un rayón que usted inocentemente tratará de reclamar deteniéndose y hasta bajándose de su propio vehículo, que seguramente perderá en pocos segundos a punta de pistola.

Algo terrible que no ocurre en todos los paises, pero sí en el lugar desde donde hipotéticamente estoy escribiendo este librito, es el auge de los motorizados, de los cuales ya hablamos con detalle en el aparte Motocicletas.

Muchas de estas cosas que hemos incluído en este aparte, deberían estar en los párrafos de seguridad, y no en los de solidaridad, pero lo hacemos así, para demostrar que muchas veces, tratando de hacerse uno el santo nos vamos al infierno.

Antes de cerrar esta sección debemos mencionar la supuesta solidaridad con los heridos en un accidente, o enfermos graves por cualquier causa. Recuerdo que una vez, a un vecino mío, la esposa, en una discusión, o quien sabe si por accidente verdadero, se le disparó el arma de reglamento del esposo, y como yo era el único vecino con automóvil, me ví forzado, por solidaridad a llevar al herido a un centro hospitalario. El padre de la autora del disparo, que era el dueño de la casa, se asustó tanto, que cuando la policia le preguntó como había recibido el tiro su yerno, dijo que no sabía, que le preguntaran al vecino, es decir, a mí, que era el que lo había llevado al hospital. Como es de suponer, los policias, que muchas veces tienen poco cerebro, o fingen no tenerlo, me detuvieron, hasta que el mismo herido dijo que su esposa, por accidente lo había herido. Eso me costó estar encarcelado hasta que pudo hablar mi vecino. Este caso demuestra que la solidaridad es una estupidez, cuando se aplica a gentes de tan poca calidad humana como el suegro del herido que les cuento.

## SOÑAR

¡Cuántas maravillas se han dicho sobre los sueños!. Desde indicarnos el porvenir, hasta comunicarnos con nuestros difuntos. Nosotros, en este pequeño librito, nos limitaremos únicamente a establecer un esquema muy general, y dejamos para otra oportunidad, en otro texto, que ya está casi por publicarse, la explicación de las maravillas de los sueños.

El organismo necesita reposar, no solamente a nivel físico, sino también a nivel mental. El cuerpo se relaja y disfruta el placer de reconstituir sus energías, salvo que caiga en una pesadilla, y por su parte, nuestra mente, tan activa durante el día anterior, deja que los pensamientos caminen a su libre albedrío, mezclándose con cosas que han sucedido, que están guardadas en nuestra memoria subconsciente o que afloran del inconsciente colectivo de la especie, para crear un amasijo de ideas, muchas veces locas, y otras tantas sensatas, que al despertar, si acaso nos acordamos, parece que nos indicaran lo que debemos hacer ese día y los siguientes.

Lo que soñemos puede ser o no importante, pero desde el punto de vista del reposo, de la restauración de las energías psíquicas si lo es, por lo que debemos tratar de hacerlo con placidez, desterrando todo tipo de sueños inadecuados producto de lo que les vamos a indicar a continuación:

a) Si durante el día usted tuvo un problema que le hizo activar el cerebro en forma excesiva, tal vez el sueño lo reflejará, haciéndolo incómodo y lleno de sobresaltos. Es necesario aprender a relajarse, para tratar de que esas ideas no afloren durante el intento de descansar.

b) Debe buscar la posición más cómoda, en la que usted se sienta a gusto, pero en ningún momento se acueste sobre el lado izquierdo, pues presionará el corazón y se alterará la circulación durante el mismo.

c) Cualquier objeto en movimiento en el dormitorio o fuera de él, a tal punto que usted sea capaz de percibirlo durante el sueño, tendrá como resultado un desarrollo del sueño influenciado por tales objetos. Por ejemplo: Un ventilador soplando sobre su cara, se convertirá a lo mejor en una fuerte tormenta; el tic tac de un reloj, puede significar que usted sueñe con los tambores de una tribu africana que se lo van a comer; una sirena de ambulancia que se oiga de lejos en la calle, tal vez le haga vivir durante una guerra en la cual las sirenas avisan de algún bombardeo.

d) Tenga muy en cuenta que durante el sueño todos nuestros sentidos incrementan su sensibilidad en forma exagerada. Un mosquito que le pique un brazo puede significar que usted recibió una puñalada luchando con un hombre volador; el silbido de una cafetera puede usted sentirlo como un ruido ensordecedor que le hace girar como un torbellino; un resplandor que penetre por la ventana, emitido por un aviso luminoso, puede usted captarlo como fuertes llamaradas de un incendio o la lava incandescente de un volcán que le arrasa.

Tomando en cuenta las explicaciones anteriores, es fácil comprender el cómo se producen las fantasías de nuestros sueños, y mucho más si tomamos en cuenta que el tiempo. durante el sueño, adquiere valores inusitados que están fuera de la realidad de nuestros sentidos en estado de vigilia. Usted puede estar veinte años encerrado en una cueva, sufriendo terribles tormentos, y al despertarse descubre que usted durmió solamente cinco o diez minutos, y que esos largos tormentos son consecuencia de que a consecuencia de una mala postura se le ha dormido una mano.

## TABAQUISMO

El uso del cigarrillo generalmente comienza desde muy temprana edad. El jovencito se siente orgulloso de que a pesar que sus padres no se lo permiten, el es tan valiente que lo hace cuando le da la gana. A medida que va creciendo, el cigarrillo se convierte en una costumbre que hace que el sujeto no sea capaz de realizar algo importante si previamente no ha consumido la droga contaminada de nicotina. Nuestro amigo ya es un adicto, es decir, que ha caído en las redes de cierto tipo de droga, que como la bebida o los estupefacientes, poco a poco van minando el organismo hasta que ya no tiene remedio.

Generalmente no nos damos cuenta del daño que produce porque siendo jóvenes, gozando la mayor parte de las veces de salud, no le atribuímos a ese vicio la causa de los males que perentoriamente puedan ir apareciendo. Recordamos a un señor, ya de edad anciana, que nos refería, que empezó a fumar a los diez años, iniciándose con cigarrillos de chocolate y menta, y posteriormente lo hacia con los importados americanos, que consumía comprados de contrabando en la Isla de Margarita, a tal punto de que a los dieciocho años consumía cuatro cajas de veinte cigarrillos cada una, aspirando el humo, pues en aquellas épocas se pensaba que el que no tragaba el humo no era fumador verdadero, sino que lo hacía como las damas de dicha época, solamente aspirando y soplando enseguida. Durante su adolescencia este señor nos contaba que padecía de terribles dolores de todo tipo, reumáticos, abdominales, de cabeza, etc. y por más pastillas que tomara u otros medicamentos que ingiriera recomendado por médicos que no daban con el mal, llegó a pensar que padecía cáncer o algo por el estilo. Esa enfermedad, a los quince años, arruinaba su deseo de gozar la vida, y a veces hasta intentó suicidarse. Cuando tenía dieciocho años, es decir recién cumplida su mayoría de edad, fué contaminado de una terrible gripe que llamaron asiática, y que le impidió durante meses levantarse de su cama, amén de intensos vómitos, tos, fiebres y los malestares propios de esas dolencias. El médico le dijo: "Es cuestión de vida o muerte que no fume nada, ni un sólo cigarrillo". Aunque algunas veces ya lo había intentado antes de sufrir  tal gripe, esta vez no tuvo más remedio que hacerlo, pues aspirar una bocanada le parecía aspirar la muerte. Cuando varios meses más tarde se curó de la dolencia, aprovechando que había dejado de fumar, prosiguió sin hacerlo. Empezó a sentirse sin los dolores que había padecido durante su niñez y adolescencia, se sentía mucho más fuerte, sexualmente más hábil, y en general como si fuera una nueva persona. El único inconveniente que le dejó el dejar de fumar es que a partir de entonces los mosquitos zancudos empezaron a picarle, cosa que no ocurría cuando fumaba. Cuatro años más tarde, teniendo veintidós, y sufriendo una decepción amorosa le dió por fumar un cigarrillo y tomarse una copa... no había concluído de fumar ese cigarrillo y cayó al suelo totalmente mareado. En ese momento se acordó que una vez le dijeron que si un caballo ingería la nicotina de un solo cigarrillo se moría inmediatamente. Desde entonces, ya vá para sesenta años que ese señor no fuma, y su salud es rozagante, exuberante, a pesar de su avanzada edad. Éso no hubiera ocurrido de haber seguido fumando, por lo que dió gracias a Dios por aquella gripe que casi lo mata.

Si eso ocurre con el tabaco, imagínense ustedes los efectos que tiene la bebida sobre el hígado y los riñones, y por ende, en nuestra salud en general. Cuando ya entrado en años decimos, que la cirrosis hepática nos va a matar, nunca le echamos la culpa a la bebida, a pesar de que científicamente sabemos que esa es la causa muchas veces, de tal enfermedad, o cuando sabemos que alguien tiene que asistir a diálisis renal porque sus riñones no funcionan casi, nunca pensamos que es debido a que los pobre riñones no daban abasto a eliminar el alcohol que ingeríamos.

Y no hemos llegado a la más terrible de todas las drogas, las estupefacientes, que dañan el cerebro y nos vuelve locos, pero que debido a la inexperiencia de la juventud creemos que nos dá la

energía suficiente para ser más fogosos sexualmente, o responder con más ferocidad al ataque
de nuestros adversarios, cuando en realidad lo que
ocurre es que nos va convirtiendo lentamente, sin
darnos cuenta, en una auténtica piltrafa humana,
que ya casi nunca se recuperará totalmente.

## VESTIMENTA

A la hora de comprar una prenda de vestir,
hay algunas personas que se enredan en cuanto al
tamaño de lo que necesitan. No saben como
relacionar la circunferencia de su cintura o de su
cuello con la medida que le da el fabricante.
Olvídese de las típicas medidas S, M, L, XL y
cualquier otra que usted conozca. Lo más simple
es antes e ir a la tienda tomarse la medida de la
parte del cuerpo que tiene que ajustar a la ropa, la
cual puede ser, o bien  la cintura, en el caso de
comprar un pantalón o una falda de dama, o bien el
cuelo en caso de una camisa. Símplemente tome
una cinta métrica que se puede adosar a esa parte
del cuerpo, que puede ser la típica de sastre, que
es de un material de tela fuerte, o bien la normal de
esas herramientas usadas por varias profesiones,
y que se encojen den tro de una caja pequeña. Es
obvio que las rígidas de carpintero no sirven para
tal cosa. Una vez que usted conozca el tamaño de
su cintura, por ejemplo: 90 centímetros, se dirige a
la tienda de su preferencia y elige el pantalón que
le guste por su forma, y color y tipo de tela, estire
la cintura en forma que queden dos telas planas
superpuestas, y compare la medida que dé con la
mitad de la circunferencia de su cintura, es decir,

45 centímetros. Si el pantalón que quiere comprar tiene menos de 45 centímetros al extender los dos extremos de su cintura, no lo compre pues le quedará apretado. Si al menos tiene los 45 centímetros que hemos indicado, le quedará exactamente justo, pero no apretado. Si usa correa podrá ajustar pequeñas diferencias, llegando inclusive hasta los 46 o 47 centímetros, pero no más, pues usted seguramente no se pondrá barrigón en una sola comida. En el caso de las camisas, que requieren que el cuello no le asfixie. Tiene que hacer la misma operación, es decir, medirse con un metro la circunferencia del cuello, en la parte donde se acostumbra apretar el botón que lo sujeta, y cuando tenga en la mano la camisa que quiere comprar, toma el cuello de la misma y al medir su circunferencia debe ser igual o un poquito mayor a la de su cuello, jamás menor, pues usted no lo compra para ahorcarse sino para vestir elegante. En el caso de las camisas no es muy práctico doblar el cuello por la mitad, como se puede hacer con un pantalón o con una falda, porque a veces los cuellos tienen formas salientes del resto de la prenda y no se podría hacer tal cosa sin arrugar la tal prenda. Aplicando estas soluciones, tanto a pantalones, faldas, camisas o franelas, usted resuelve la incógnita de no saber a que tipo de letra corresponde su figura, si a Small, Medium, Large o Extra-large. En el caso de los zapatos se procede diferente, pues dependiendo del tipo de horma puede que le sirva o que no, si sólo toma en cuenta la planta medida por la suela. Generalmente los zapatos puntiagudos requieren un tamaño mayor, mientras que los anchos, por

ajustarse mejor al pié necesitan una suela menor. En caso de la imperiosa necesidad, de que usted debe comprar algo para otra persona, que por estar lejos no puede probárselo, lo indicado es preferir que sea al menos un número mayor, pues de quedarle grande, con una plantilla dentro del zapato se resuelve el problema, mientras que en el caso contrario tendrá que regalar tales zapatos a un enano.

Si va a comprar una correa, no se preocupe si es un poco más larga, siempre que tenga hebillas de cuero para sujetar el exceso sobrante. Por los huecos no se preocupe, pues hay una herramienta de abrir orificios en el cuero que se consigue con facilidad. Nunca abra huecos con algo que no sea un sacabocados, pues dañará la correa.

Las trenzas de los zapatos deben ser lo suficientemente largas y resistentes para que pueda llenar todos los huecos que tengan, y eso es mucho más importante en el caso de las botas. Siempre es preferible que sobre algo que no que sean de menor tamaño, pues si son cortas, quedarán huecos sin llenar, deteriorando su aspecto. Se supone que estamos hablando de zapatos o botines con trenzas, pues si son mocasines las trenzas son inexistentes, y en ese caso es importante que los compre ajustados exactamente a su pié, porque en caso contrario, o le harán daño, o se le saldrán mientras camina.

Las chaquetas de cuero, indudablemente son muy bellas, pero dan un calor insoportable pues no tienen los poros del tejido de cualquier tela. Pueden ser útiles en regiones muy frías, pero en nuestros ambientes próximos al Ecuador del planeta, difícilmente necesitaremos tal protección. Si se empeña en llevarla, ya sea por pavear, usando algo costoso, o porque con ella se sienta miembro de una institución importante, sepa que el cuero fácilmente se daña si no lo conserva adecuadamente. Cuando menos se piense tendrá grietas producto de la sequedad de un mal cuido.

Algo sumamente importante, a tal punto que está en juego su salud: No lleve ropas muy apretadas pues interrumpirán la circulación sanguínea de alguna zona del cuerpo, y cuando menos imagine tendrá problemas graves de salud. Ésto es más relevante en el caso de las medias con liga, tanto las de caballero como las de dama, y a veces también con la ropa interior demasiado apretada. Las damas debieran olvidarse de la típica cinturita de avispa, pues les vá en juego la salud, y al fín y al cabo una mujer siempre es bonita así sea delgada, gruesa, alta o baja, por el solo hecho de ser mujer, que es lo más bello que nos dió la naturaleza.

Alejándonos un poquito de los temas anteriores, y enfocándonos en la psicología del vestir, es importante tener en cuenta que la impresión primera que se recibe de alguien, además de por sus ademanes y su forma de expresarse, es también por su vestimenta. Un vendedor de máquinas de escribir o de computadoras, se presenta vistiendo un pantalón, camisa o chaqueta roja, le aseguramos que no es capaz de vender ni una arepa en un hogar hambriento. La mesura en el vestir prepara a quien lo vé para imaginarse, (no para saber, desde luego), que la persona que tiene delante es confiable. Un vendedor de cosméticos, vestido de luto, con un impecable traje negro, será capaz de vender ataúdes, pero nunca perfumes.

Si usted va a su oficina con traje y corbata, seguramente le llamarán Don o Dr. y en el caso de las damas, vestidas con elegancia, sin llegar al exceso, las catalogarán de profesionales y también les pondrán su título, aunque ni los hombres o las mujeres tengan dinero o tales títulos académicos.

Usted puede ser un ser muy inteligente, capacitado plenamente para ejercer cualquier función de su competencia, pero si le ven vestido con ropa arrugada, despeinado o despeinada, seguramente nadie será capaz de respetarles adecuadamente, y aunque todo lo hagan bien, en el fondo los que los traten lo harán con desprecio.

Al vestir, como en cualquier otra cosa de nuestra vida, lo importante es el término medio, ni mucho ni poco, ni todo ni nada, pues los extremos van al fracaso tarde o temprano.

## 100 RECOMENDACIONES DE REPASO

Aunque la mayor parte de las siguientes recomendaciones, en una otra forma ya las hemos referido, es bueno adicionar esta corta lista para refrescar las cosas que debido a la fragilidad de nuestra mente, tienden a olvidarse apenas leídas.

**001**

Nunca escriba en papeles en blanco. Si tiene que hacerlo, ralle los espacios libres.

**002**

Jamás toque con la mano artefactos eléctricos que parezcan no funcionar.

**003**

Antes de ingerir alimentos, lávese las manos lo mejor posible,

**004**

No ingiera mas de cuatro cervezas ni más de dos whiskys, cuando esté en reuniones.

**005**

No se confíe ciegamente en cosas que lea o le digan por los medios sociales.

**006**

Si tiene que estudiar, hágalo siempre Manejando tres distintas fuentes de información.

**007**

No crea a pies juntillas lo que le diga alguien, aunque sea de su total confianza, sin comprobarlo personalmente.

**008**

Si deja su casa sola, no se le diga a extraños.

**009**

Nunca maneje su vehículo a exceso de velocidad.

**010**

No cargue sin ser necesarios documentos Importantes.

**011**

Trate siempre de guardar algo, tanto dinero como objetos, necesarios en casos de emergencia.

**012**

Nunca gaste bromas pesadas.

**013**

Si va a casarse piense que es para toda la vida.

**014**

Si pequeñas afecciones no se le curan, recurra a ayuda médica.

**015**

No pida prestamos si no le es absolutamente necesario.

**016**

En cualquier situación trate de emplear la sonrisa.

**017**

Nunca se deje influenciar por la ira en casos nimios, y mucho menos en los graves.

**018**

Use las herramientas adecuadas para cada cosa.

**019**

Nunca duerma en lugares herméticamente cerrados.

**020**

No compre cosas que no necesitara.

**021**

Retribuya la amistad en forma similar.

**022**

Trate de aprender todos los días algo nuevo.

**023**

Averigüe la conducta de sus posibles amigos antes de considerarlos como tales.

**024**

Procure vestir pulcramente, sin lujos.

**025**

Cumpla siempre sus promesas.

**026**

No se deje influenciar por sectas religiosas o instituciones que le prometan villas y castillos.

**027**

**No abuse de la confianza que le otorguen.**

**028**

**No crea todo lo que digan los medios de comunicación sin antes asegurarse de su veracidad.**

**029**

**Cuando preste algo anote fecha y a quién se lo prestó.**

**030**

**No procree hijos fuera de una unión seria y permanente.**

**031**

**No derroche lo que puede necesitar otro día.**

**032**

**Nunca pruebe sustancias raras, aunque se las regalen.**

**033**

**En las fiestas vigile siempre su vaso de bebida.**

**034**

**Nunca se crea mejor ni peor que otra persona.**

**035**

**No todos los libros impresos dicen verdades.**

**036**

No provoque conflictos en su trabajo, escuela u hogar.

**037**

No siempre los sindicatos tienen la razón. Averigüe antes de aceptar decisiones.

**038**

No abandone lo que ansia, al primer fracaso, debe insistir varias veces.

**039**

No tome medicamentos que le recomiende alguien sin estar seguro de su servir en su caso.

**040**

Si lleva un arma defensiva, nadie debe saberlo.

**041**

No caiga en tentaciones fútiles de llevarse cosas ajenas a descuidos de amigos o negocios.

**042**

Documentos de importancia guárdelos fuera del alcance de extraños.

**043**

Prefiera las transferencias o cheques de Gerencia a manejar dinero en sus operaciones comerciales.

**044**

Cúidese de los posibles extorsionistas.

**045**

De vez en cuando cambie la ruta que acostumbra seguir diariamente para despistar a los posibles atracadores.

**046**

Si trabaja como vendedor, procure buscar ayudante del sexo opuesto que le acompañe.

**047**

Si está al lado de una quebrada, tenga cuidado en época de lluvias.

**048**

En los ríos a veces se forman remolinos que arrastran todo a su alrededor.

**049**

Cuando esté en las estaciones del ferrocarril metropolitano o en alturas cerca de abismos, cúidese de los posibles suicidas-homicidas.

**050**

No mate animales silvestres sin ninguna necesidad.

**051**

Los buitres, zamuros y zopilotes nos ayudan a sanear el ambiente, no los destruya.

**052**

Trate de no creer en supersticiones, pues solamente sirven para autosugestionarle.

**053**

El verdadero cariño jamás puede ser destruído, al igual que el verdadero amor.

**054**

Tener un conocido no significa que sea su amigo.

**055**

Quien procrea un hijo, está obligado con el por siempre, en mayor o menor grado, de acuerdo con la edad que vaya adquiriendo.

**056**

No confunda Odio con Desprecio, pues son sentimientos muy diferentes.

**057**

Cuide que sus ademanes sean normales evitando la afectación, el exceso, o la inamovilidad.

**058**

Pida opinión a las personas capacitadas para dárselo, y no a cualquier amigo o conocido.

**059**

Procure no malgastar los alimentos, cocinando en exceso lo que nunca utilizará.

**060**

Lleve siempre ropa limpia, aunque no sea de la mejor calidad o esté muy usada.

**061**

Duerma siempre a las mismas horas y en lugares seguros.

**062**

No se confíe ni de su mejor amigo, pues pudiera traicionarle cuando menos lo espera.

**063**

Los astros lejanos no tienen ninguna influencia sobre nuestras vidas. No crea en cuentos de hadas.

**064**

Nunca crea lo que le digan sin haberlo verificado por usted mismo.

**065**

Las noticias de los medios de comunicación no siempre son veraces, pues pueden hacerlo para cubrir obligaciones o espacios.

**066**

Que algo sea costoso no quiere decir que sea lo mejor, lo importante es la calidad, y no el precio.

**067**

Use las herramientas para lo que fueron inventadas, pues de no hacerlo así las dañará.

**068**

No regale a todo el mundo, siguiendo las costumbres creadas por los comerciantes. Sea cauto en sus obsequios.

**069**

Las pornografías que atiborran Internet, no son la correcta forma de entender el sexo. Los aberrados sexuales se satisfacen y lucran con los libidinosos aprovechando sus pocas capacidades intelectuales. Ni los animales salvajes practican tales barbaridades.

**070**

Los regalos, a causa del cariño, no tienen por qué ser costosos. Lo que vale es la acción.

**071**

Los salones de belleza, si no mantienen las condiciones de higiene adecuadas puede transmitirle alguna enfermedad.

**072**

Todos en mayor o menor grado somos capaces de realizar nuestros deseos, siempre que éstos sean lógicos y dentro de nuestras posibilidades.

**073**

El Cariño es el sentimiento más elevado que se puede tener hacia otro ser humano. Tiende a aumentar, pero nunca a disminuir.

**074**

Cuando le firmen un documento, deben hacerlo en su presencia para estar seguro de quién lo firmó.

**075**

En la cocina, el aceite hirviendo y el agua son una mezcla expansiva que puede quemarle severamente.

**076**

Guarde, al menos cada dos o tres minutos lo que está escribiendo en su computadora, por si se vá el fluído eléctrico.

**077**

Tenga copias de seguridad de los documentos de importancia.

**078**

Descargue la electricidad estática de su cuerpo antes de tocar los chips electrónicos.

**079**

No acerque grabaciones magnéticas a altavoces potentes, y fuentes de energía que dañen sus grabaciones.

**080**

No deje a sus hijos solos, a su propio albedrío en las escuelas, pues los maestros no pueden atender su educación en forma detallada.

**081**

Si uno de los padres reprende a un hijo, el otro debe respetar su decisión y no desvalorizar tal decisión, pues le harán perder el respeto.

**082**

Cuando algún hecho incómodo te haga caer en cólera, recapacita y cálmate, no tomes decisiones inmediatas que serán inoportunas.

**083**

Nunca des consejos, sino recomendaciones u orientaciones. El consejo te hace moralmente responsable de todo lo que digas.

**084**

Si se te bloquea un aparato electrónico, desconecta el cable y vuélvelo a conectar después de un minuto. Seguramente se desbloqueará el equipo.

**085**

En las demandas judiciales se gana más no llevándolas a juicio, y tratando de resolverlas amigablemente.

**086**

Tratemos de dormir después de haber hecho la digestión. El sueño será más eficiente y menos riesgoso.

**087**

Elegir la profesión es algo muy importante, en lo cual se necesita ayuda de expertos.

**088**

Todas las formas de electricidad son peligrosas, pues es un enemigo que nunca se ve.

**089**

Los electrodomésticos requieren mantenimiento adecuado. Periódidícamente deben ser engrasados, limpiados, y otros menesteres, para que duren.

**090**

Debe estudiarse siempre en los mismos lugares, y siguiendo las reglas mínimas para su efectividad.

**091**

El resultado de una adecuada intuición es el producto del cálculo de nuestra computadora interna biológica. Se basa en probabilidades.

**092**

Debemos dar preferencia a las cosas más importantes y dejar relegadas a segundo término las menos responsables de nuestro bienestar.

**093**

El libro es el único profesor que nunca te rechazará. Procura tener al menos tres libros de cada materia.

**094**

Ser líder significa dirigir a alguien, y para hacerlo hay que tener capacidad, conocimiento y cualidad de tal.

**095**

Las llaves son muy importantes para nuestra seguridad, preservarlas es esencial, y no dejar que personas extrañas puedan sacar copias de ellas.

**096**

Para que una lotería dé un premio importante habrás tenido que estar varias vidas comprando sus billetes. Nadie dá más de lo que recibe. No pierdas tu dinero.

**097**

El matrimonio es la base de la familia, y la familia es el núcleo de la sociedad. Debes respetar a tu cónyuge, y a tus hijos y procurar su beneficio, en todo momento.

**098**

Nunca aceptes un presupuesto importante de mecánicos, médicos, o de cualquier tipo de técnico, sin consultar con otros similares.

**099**

El odio es el amor pasional despechado. En cualquier momento se regresa a la condición anterior.

**100**

La solidaridad humana tienen sus límites, de acuerdo con el tipo de sociedad e instituciones que tengamos.

---oOo---

Estos cien recordatorios, pueden hacer que volvamos a leer lo que está en las primeras páginas. Nuestro propósito ha sido tratar de cubrir la mayor cantidad de posibilidades con el menor espacio, pero lamentablemente, para hacer tal cosa en forma amplia necesitaríamos mucho más que cien hojas de libro.

---oOo---

# EPÍLOGO

A través de estas pocas páginas hemos tratado de dejar escritas muchas de las cosas que nos han ocurrido durante la larga vida que hemos tenido la suerte de disfrutar o de sufrir. Como la consecuencia directa de evitar sufrir, es precisamente la de disfrutar, le hemos dado preferencia a describir las cosas más negativas, ya que las buenas vendrán por sí solas, sin escribirlas, como consecuencia de la conducta adecuada que nosotros recomendamos a nuestros queridos lectores.

Suponemos que el mayor cúmulo de leyentes de esta obra son o serán personas jóvenes, pues el nombre dado a este manual así lo aconseja; sin embargo, en el caso de que los lectores sean ya maduros, con amplia experiencia de la vida, seguramente al leer este texto, estarán en posibilidad de hacer comparaciones con lo que alguna vez puede haberle ocurrido a ellos mismos, y entonces tal vez digan: "Hombre... lo mismito que me ocurrió a mí", o también podrían decir: "Este sujeto si es pesimista, para él todo el mundo es sinvergüenza".

En una u otra forma, el solo hecho de que quienes han tenido experiencias en la vida, se hayan dignado leer este humilde manual, nos llena de orgullo y satisfacción, pues nos hace saber que al menos alguien, con capacidad crítica nos ha leído, y sea bueno o malo el juicio, siempre será digno de elogio el haber puesto su granito de arena para que nosotros tratemos de ser mejores en el futuro.

A los jóvenes, de los cuales sabemos que habrá muchos que ya tienen capacidad suficiente para juzgar lo que es bueno o malo de algo, les agradecemos la lectura que han hecho, y les ponemos en conocimiento de algunas de las obras que ya hemos publicado, a saber:

a) "El Club de los Cuentos Vespertinos", que es un resumen de todos los aspectos vividos, realmente fantásticos, pero reales, del autor de la obra y de quienes le conocían. Es un compendio de muchas facetas literarias, tanto en Cuentos, Poesía, Epístolas, Pensamientos científicos y Ensayos de Psicofísica avanzada. Consta de 706 páginas.

b) "Como ser un buen Poeta y no morir en el Intento". Trata de enseñar a la juventud las maravillas de sentirse poeta, siéndolo de verdad, sin ese facilismo moderno que la ha convertido en pura prosa. Es un libro didáctico para aprender a hacer Poemas. Tiene algo más de 200 páginas.

c) "Cuentos de Misterio Verdaderos". Es el relato de 19 cuentos fantásticos de la pura reali-dad, vividos por personajes reales. Tiene algo más de 200 páginas.

**d)** Este librito que acaban de leer y que denominamos "Manual de Vida para Jóvenes Inexpertos", del cual no decimos nada porque usted ya saben más que yo de él, pues terminaron de leerlo.

---oOo---

# ÍNDICE

# MANUAL DE VIDA PARA JÓVENES INEXPERTOS

# MANUAL DE VIDA PARA JÓVENES INEXPERTOS

---oOo---

www.ingramcontent.com/pod-product-compliance
Lightning Source LLC
Chambersburg PA
CBHW070644290526
45790CB00001B/187